特別授業《とくべつじゅぎょう》「未来《みらい》の教室を考えよう」で、陽音《はると》（写真《しゃしん》右おく）のグループは体育館《たいいくかん》の模型《もけい》をつくった

2014 年 3 月 27 日、日本ユニセフ協会《きょうかい》のシンポジウムのパネルディスカッションに参加《さんか》した陽音《はると》の発言《はつげん》に、会場から大きな拍手《はくしゅ》が起《お》きた。このとき陽音《はると》は、小学校を卒業《そつぎょう》したばかり

2016年9月26日、みんなが待《ま》ち望《のぞ》んだ大槌学園《おおつちがくえん》の新校舎《しんこうしゃ》が完成《かんせい》し、授業《じゅぎょう》が開始《かいし》された

ふつう教室の模型《もけい》。教室前に三色のカーペットをしいて、休憩《きゅうけい》できるスペースをつくった

上の模型《もけい》のアイデアは、「本の森（図書室）」につづく「つつじルーム」に生かされた。カーペットじきで低《ひく》いテーブルが置《お》かれている

室内に木がある図書室の模型《もけい》。図書室に木が生えていたらリラックスできるというアイデア

図書室の模型《もけい》。カーペットエリアにはビーズクッションがあり、寝《ね》ころがって本が読める

木がある図書室のアイデアを、大槌町《おおつちちょう》産《さん》の木材《もくざい》をたくさん使《つか》うことで、かたちにした

理科室の模型《もけい》。手前の広いテラスは、屋外《おくがい》の実験《じっけん》ができて、災害時《さいがいじ》は避難《ひなん》スペースになる

子どもたちのアイデアから、図工教室、美術《びじゅつ》教室の前にワークテラスがもうけられた。屋外《おくがい》での授《じゅ》業《ぎょう》や活動《かつどう》に使《つか》え、災害時《さいがいじ》にも役立《やくだ》つ。広い廊下《ろうか》からワークテラスを見た様子《ようす》

ぼくらがつくった学校

大槌《おおつち》の子どもたちが夢《ゆめ》見た復興《ふっこう》のシンボル

ささき あり＝文

感動
ノンフィクションシリーズ

ぼくらがつくった学校

もくじ

プロローグ

二〇一六年九月二十六日。

スクールバスをおりて坂《さか》を上っていくと、木製《もくせい》の壁面《へきめん》に「大槌学園《おおつちがくえん》　小中一貫教育校《いっかんきょういくこう》」という文字が見えてきた。

佐々木陽音《ささきはると》は校舎《こうしゃ》に入って、思わず声をあげた。

「うわ、広い」

（これが、ぼくらがつくった学校か……）

昇降口《しょうこうぐち》も廊下《ろうか》も階段《かいだん》も、陽音《はると》がいままで通っていた仮設校舎《かせつこうしゃ》よりずっと広い。絵やポスターなどの展示《てんじ》や記念撮影《きねんさつえい》にも使《つか》える階段《かいだん》を上って廊下《ろうか》を進《すす》むと、ワークスペースに出た。教室の前にあるワークスペースは、廊下《ろうか》としても、教室からつづく学習《がくしゅう》の場としても使《つか》えるという。

昇降口《しょうこうぐち》のそばにある「表現《ひょうげん》の大階段《おおかいだん》」は、ほかの学年の児童生徒《じどうせいと》と交流《こうりゅう》でき、展示《てんじ》や記念撮影《きねんさつえい》などにも使《つか》える

授業《じゅぎょう》でも使《つか》え、休み時間に、ほかのクラスの友だちとも交流《こうりゅう》しやすいワークスペース

大槌《おおつち》で育《そだ》った木をふんだんに使《つか》った校舎《こうしゃ》は明るく、ぬくもりが感《かん》じられた。

陽音《はると》は、二階《かい》のつきあたりにある九年三組の教室に入った。

窓《まど》の外には視界《しかい》をさえぎる建物《たてもの》はなく、山の緑《みどり》と青空が広がっている。

「わあ、景色《けしき》いいー！」

だれもがはしゃいだ声をあげ、目をかがやかせていた。

教室を出ると、ベンチがあった。陽音《はると》がすわると、ほかのクラスの友だちが、集《あつ》まってきた。

「陽音《はると》ぉ～」

「おいおいおい」

みんなでかたまって話したり、じゃれ合ったりする。

（いい学校ができたなあ）

陽音《はると》は晴れ晴れとした気分で、校舎《こうしゃ》を見まわした。

二〇一一年に起《お》きた東日本大震災《ひがしにほんだいしんさい》で、大槌町《おおつちちょう》の小学校四校と中学校一校が

木々と山、空が見える、ながめのよい九年三組の教室は、陽音《はると》の一番好《す》きな場所《ばしょ》になった

廊下《ろうか》は広くして、テーブルなどを置《お》きたいという子どもたちの要望《ようぼう》が実現《じつげん》した

使《つか》えなくなった。それから五年と半年。

津波《つなみ》であらゆるものを失《うしな》った町は、宅地《たくち》や道路《どうろ》の整備《せいび》を進《すす》めてきたが、二〇一六年の秋になっても、新しい建物《たてもの》はほとんど建《た》っていなかった。

そんななかで誕生《たんじょう》した校舎《こうしゃ》は、子どもたちだけでなく、町の人たちも待《ま》ち望《のぞ》んだものだった。

「大槌学園《おおつちがくえん》は大槌《おおつち》の復興《ふっこう》のシンボルになります。大槌学園初年度《おおつちがくえんしょねんど》の児童生徒《じどうせいと》であるわたしたちには、担《にな》う役割《やくわり》があるはずです。東日本大震災《ひがしにほんだいしんさい》以降《いこう》も、自《し》然災害《ぜんさいがい》で大変《たいへん》な思いをされている方々がたくさんいます。その方々によりそい、夢《ゆめ》と希望《きぼう》をあきらめず生きていくことの大切さを、わたしたちの元気なすがた、一生懸命《けんめい》なすがたを通して発信《はっしん》していきたいと思います」

十一月十二日、「大槌学園校舎落成式《おおつちがくえんこうしゃらくせいしき》」で、生徒代表《せいとだいひょう》として語った永井《ながい》雄大《たけひろ》さんの言葉《ことば》を聞きながら、陽音《はると》はこれまでの五年半を思った。

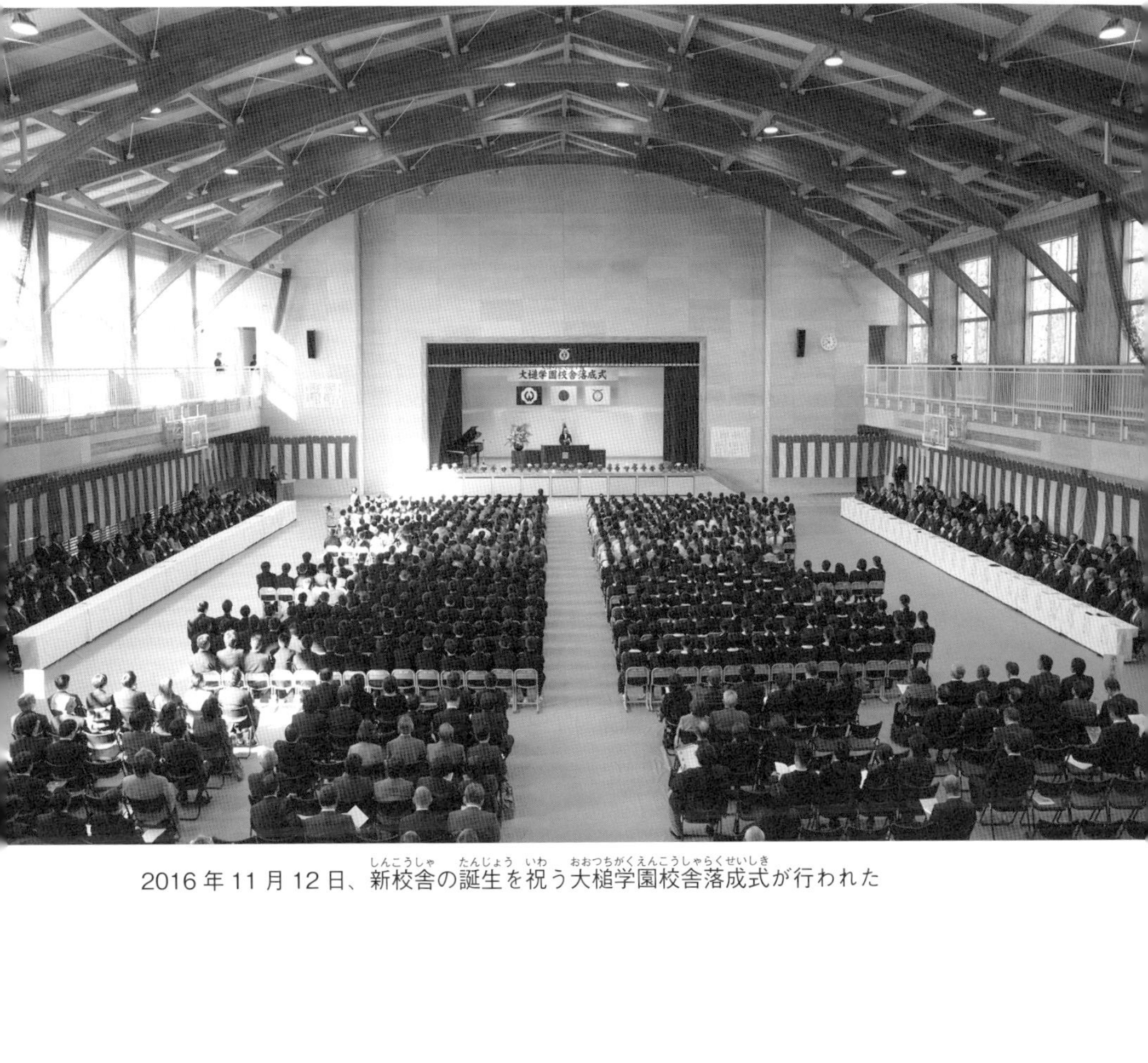

2016年11月12日、新校舎《しんこうしゃ》の誕生《たんじょう》を祝《いわ》う大槌学園校舎落成式《おおつちがくえんこうしゃらくせいしき》が行われた

第《だい》1章《しょう》　学校が燃《も》えた

二〇一一年三月十一日、午後二時四十六分。

ゴゴゴオンッ、ガッシャン、メキメキ、ゴゴゴゴ……。

校舎《こうしゃ》が大きくゆれたのは、六時間目の図工の時間だった。

陽音《はると》たち三年二組の児童《じどう》はつくえの下にかくれたあと、上ばきのまま、校庭《こうてい》に避難《ひなん》した。ウ――ウ――という防災無線《ぼうさいむせん》のサイレンの合間に、「大津波警報《おおつなみけいほう》」のアナウンスがかすかに聞こえる。

「※城山《しろやま》へ避難《ひなん》します」

先生たちの誘導《ゆうどう》で、大槌《おおつち》小学校の児童《じどう》二百八十三人は、小学校の前の坂道《さかみち》を上り、城山《しろやま》に向《む》かった。城山《しろやま》の上には、町立の城山公園体育館《しろやまこうえんたいいくかん》と中央公民《ちゅうおうこうみん》

※14世紀《せいき》に山城《やまじろ》が築《きず》かれた場所《ばしょ》。いまは大槌町《おおつちちょう》を一望《いちぼう》できる公園として、町民《ちょうみん》に親しまれている

館《かん》がひとつの建物《たてもの》として建《た》っている。駐車場《ちゅうしゃじょう》はすでに車や人でいっぱいだったため、児童《じどう》はさらに坂《さか》を上った。しばらく歩いて、上の駐車場《ちゅうしゃじょう》の近くに来たとき、陽音《はると》は、はっと息《いき》をのんだ。

町に、津波《つなみ》がおしよせてきたのだ。

波《なみ》が建物《たてもの》にぶつかって黒いけむりをあげる。家々が破壊音《はかいおん》を立てて動《うご》き、校庭《こうてい》では流《なが》された車がくるくるまわっていた。

まわりから悲鳴《ひめい》や泣《な》き声があがったが、陽音《はると》はこわすぎて声も出なかった。ふと、いっしょにくらす、おじいちゃんとおばあちゃんが気になった。

陽音《はると》の家は小学校から海側《うみがわ》に歩いて五分ほど。いまいる場所《ばしょ》からは見えないが、小学校まで津波《つなみ》が来たということは、その前に家にも来ているはずだ。

(おとといの地震《じしん》のあと、じいじとばあばに、こんど地震《じしん》が来たら逃《に》げてよ、って、言ったばかりだから……)

陽音《はると》は泣《な》いている子たちに「だいじょうぶだよ」と声をかけながら、自分

2011 年 3 月 11 日 15 時 31 分撮影《さつえい》。津波《つなみ》が大槌《おおつち》小学校に達《たっ》した直後

水が引いたあと。大槌《おおつち》小学校の校庭《こうてい》は、津波《つなみ》で流《なが》されてきた車とがれきに埋《う》まった

震災《しんさい》一カ月後、城山《しろやま》から見た大槌町《おおつちちょう》。がれきのなかで、行方《ゆくえ》不明者《ふめいしゃ》の捜索《そうさく》がつづく

自身《じしん》を落《お》ち着《つ》かせようとした。

まもなく、水につかった町のあちこちから、ドーン、バーンという爆発音《ばくはつおん》が鳴りひびき、炎《ほのお》とけむりがあがりはじめた。

「あっ」

炎《ほのお》をあげるがれきがおしよせ、大槌《おおつち》小学校の校舎《こうしゃ》にも火がついた。さっきまでいた学校に、じわじわと火が広がっていく。

めちゃくちゃに破壊《はかい》され、海水にのみこまれていく町、がれきがぶつかり合う音、人々がさけぶ声、鼻《はな》をつくようなけむりのにおい。

（これ、本当にいま起《お》きていることなの？）

陽音《はると》には、目の前のことが現実《げんじつ》とは思えなかった。家族《かぞく》も無事《ぶじ》でいるはずだと信《しん》じていた。

（おかあに会いたい）

陽音《はると》は、とにかくお母さんに会って、安心《あんしん》したかった。

大槌《おおつち》小学校の校舎《こうしゃ》は、津波《つなみ》にのみこまれたあと、流《なが》されてきたがれきの火がうつり、燃《も》え広がった。写真は水が引いたあとの様子《ようす》

やがて山の向《む》こうに夕日がしずみ、雪がちらついてきた。何度《なんど》もおしよせた津波《つなみ》がおさまったころ、陽音《はると》たちは城山公園体育館《しろやまこうえんたいいくかん》に入った。

大槌《おおつち》小学校のみんなとステージの前にかたまってすわったとたん、陽音《はると》は、わっと泣《な》き出した。不安《ふあん》や恐怖《きょうふ》が、一気にふき出したのだ。ふりはらうにも、黒い波《なみ》が町をこわす様子《ようす》が、頭にこびりついてはなれない。

急《きゅう》に、海に近い職場《しょくば》で働《はたら》くお母さんのことが、心配《しんぱい》でたまらなくなった。

（おかあが、津波《つなみ》から逃《に》げていますように……。絶対《ぜったい》、逃《に》げていてよ）

陽音《はると》は、心のなかで願《ねが》いつづけた。

停電《ていでん》のため、自家発電《はつでん》による照明《しょうめい》となった体育館《たいいくかん》はうす暗《ぐら》く、しんしんと冷《ひ》えていく。体をあたためる毛布《もうふ》のようなものはないので、先生たちは体育《たいいく》館《かん》の暗幕《あんまく》を切って、児童《じどう》に配《くば》った。陽音《はると》は同級生《どうきゅうせい》ふたりと、一まいの暗幕《あんまく》を使《つか》った。

体育館《たいいくかん》にひびくのは、衣服《いふく》がこすれる音、ぼそぼそ話す声に泣《な》き声。だれかをさがすためか、懐中電灯《かいちゅうでんとう》やライターの灯《あか》りが、ちらちらゆれている。

数時間のうちに、保護者《ほごしゃ》が児童《じどう》をむかえにやってきて、ひとり、またひとりと、体育館《たいいくかん》を出ていった。暗幕《あんまく》をいっしょに使《つか》っていたふたりがいなくなったあと、陽音《はると》はひとりで暗幕《あんまく》にくるまった。

（おかあ、早く来て）

体育館《たいいくかん》を出入りする大人が非常口《ひじょうぐち》のドアを開《あ》けるたび、外に広がる強烈《きょうれつ》なオレンジ色が目に入る。町が、炎《ほのお》におおわれているせいだ。こわくて、寒《さむ》くて、ふるえが止まらない。

先生が泣《な》いている子たちに、声をかけた。

「お母さんやお父さんも逃《に》げているから、だいじょうぶだよ。朝にはむかえにきてくれるから、それまでがんばろうね」

夜おそく、お母さんと同じ職場《しょくば》につとめる内山慶汰《うちやまけいた》さんがやってきた。陽《はる》音《と》を見つけると、うなずいた。

9年生（中学３年生）になった陽音《はると》。少し照《て》れ屋《や》ながら、学校では副学級《ふくがっきゅう》委員長《いいんちょう》をつとめた

「お母さんは、だいじょうぶだよ」

内山《うちやま》さんとお母さんは、津波《つなみ》が来る直前、高台にある国道に避難《ひなん》した。

日がくれるころ、城山《しろやま》へ向《む》かおうとしたが、途中《とちゅう》の道路《どうろ》が通行止めになっていたため、お母さんはしかたなく、一番近い避難所《ひなんじょ》の安渡《あんど》小学校に引き返《かえ》した。内山《うちやま》さんは友だちのバイクに乗《の》せてもらい、遠まわりして、なんとか城山《しろやま》まで来たという。

陽音《はると》はほっとしたが、親の無事《ぶじ》がわからない子たちもまだたくさんいる。

自分だけ喜《よろこ》んではいけないような気がして、ひと言だけ小さく答えた。

「ありがとう」

それから、陽音《はると》はねむれないまま長い夜を明かし、翌朝《よくあさ》、ようやく城山公《しろやまこう》園体育館《えんたいいくかん》にやってきたお母さんと会うことができた。

お母さんのゆかりさんは明るい人柄《ひとがら》。現在《げんざい》は水産加《すいさんか》工場《こうじょう》に勤務《きんむ》している

岩手県《いわてけん》の海ぞいにある大槌町《おおつちちょう》は、リアス式《しき》の、でこぼこした海岸線《かいがんせん》に面《めん》しており、でっぱった半島両側《はんとうりょうがわ》のへこんだところが、大槌湾《おおつちわん》と船越《ふなこし》

湾《わん》になる。その大槌湾《おおつちわん》と船越湾《ふなこしわん》から津波《つなみ》がやってきた。

大槌町《おおつちちょう》には、大槌湾《おおつちわん》の沿岸側《えんがんがわ》から赤浜《あかはま》小学校、安渡《あんど》小学校、町の中心にある大槌小学校、大槌川《おおつちがわ》ぞいにある大槌《おおつち》中学校、大槌北《おおつちきた》小学校、高台に大槌《おおつち》高校、船越湾側《ふなこしわんがわ》の高台に吉里吉里《きりきり》小学校、吉里吉里《きりきり》中学校と、小学校五校と中学校二校、高校一校がある。

このうち被害《ひがい》がなかったのは、吉里吉里《きりきり》小学校と吉里吉里《きりきり》中学校、大槌《おおつち》高校だけ。あとの小学校四校と大槌《おおつち》中学校は、地震《じしん》で柱《はしら》や床《ゆか》がゆがんだり、津波《つなみ》で破壊《はかい》されたり、火災《かさい》で焼《や》けたりして使《つか》えなくなった。

夜が明けると、どの学校の先生も、子どもたちと保護者《ほごしゃ》は無事《ぶじ》か、避難先《ひなんさき》はどこか、校舎《こうしゃ》はどうなっているのかをたしかめるため、がれきをさけて歩きまわった。電話やメールなどの通信手段《つうしんしゅだん》が使《つか》えなくなっていたので、避難所《ひなんじょ》をたずね歩くか、会った人に聞いてまわるかしかなかった。

町内の児童生徒《じどうせいと》で亡《な》くなったのは、保護者《ほごしゃ》と避難《ひなん》し、津波《つなみ》にのまれた小学

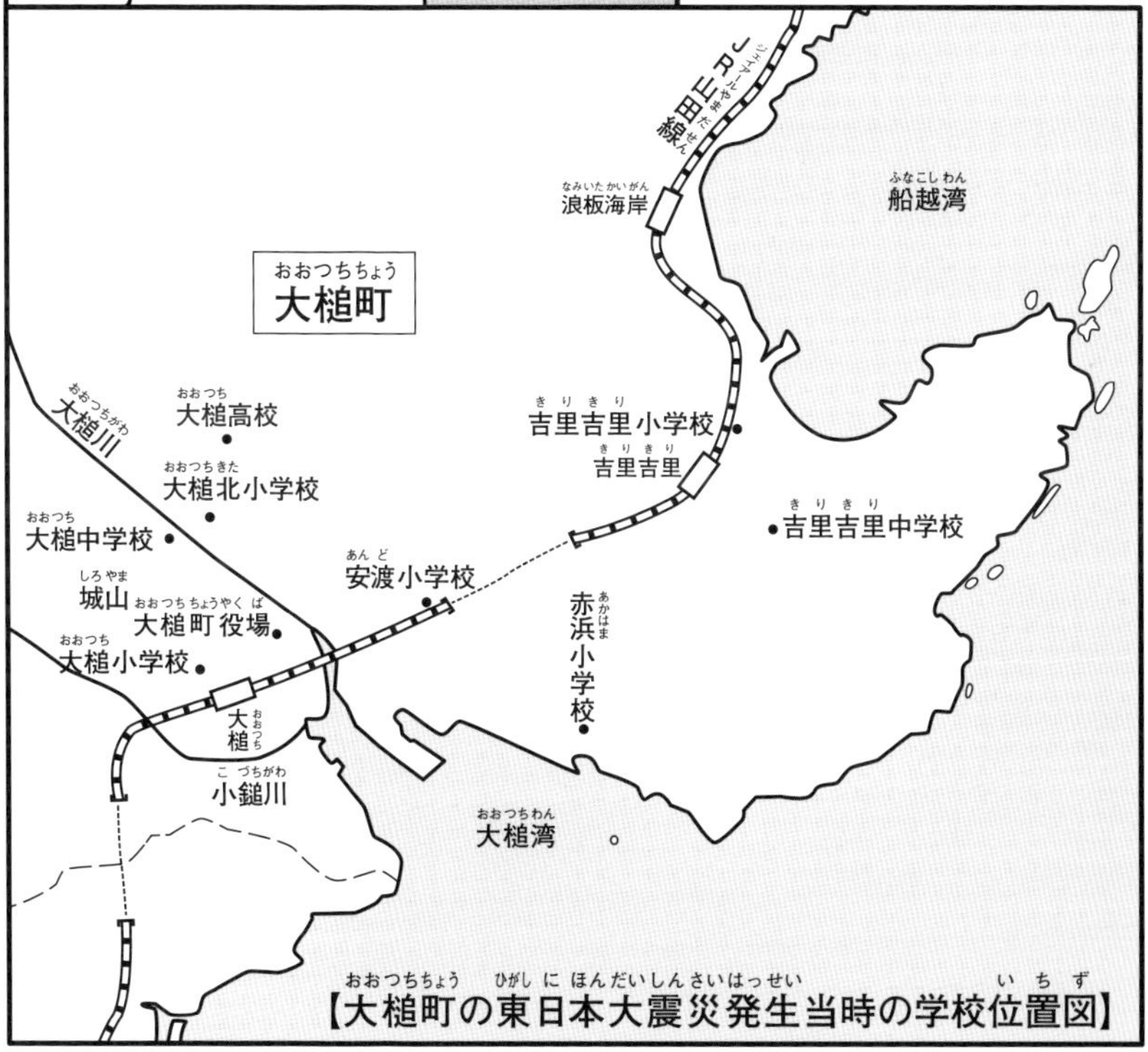

【大槌町《おおつちちょう》の東日本大震災発生《ひがしにほんだいしんさいはっせい》当時の学校位置図《いちず》】

生三人と、一度《ど》は高台に避難《ひなん》したが、家にいるおじいさん、おばあさんが心《しん》配《ぱい》になってむかえにいき、津波《つなみ》にのまれてしまった中学生ふたりだった。

ほとんどの児童生徒《じどうせいと》が無事《ぶじ》だったのは、すぐに高台へと避難《ひなん》させた先生たちの判断《はんだん》が的確《てきかく》だったからだ。だが、ひとりひとりが代《か》わりのきかない命《いのち》だけに、児童生徒《じどうせいと》を失《うしな》った悲《かな》しみと悔《く》いが、先生たちを苦《くる》しめた。なかには、自分の家族《かぞく》を失《うしな》った先生もいた。

それでも、先生たちは走りまわった。

――子どもたちの不安《ふあん》を、少しでもやわらげてあげたい。

その思いが、先生たちをつき動《うご》かしていた。

大槌町《おおつちちょう》は市街地《しがいち》の半分が浸水《しんすい》し、死者《ししゃ》・行方不明者《ゆくえふめいしゃ》は千二百三十四人と発《はっ》表《ぴょう》された（大槌町役場発表《おおつちちょうやくばはっぴょう》　二〇一六年二月一日時点）。その数は、震災発《しんさいはっ》生《せい》当時の人口の約《やく》八パーセントに当たるとされている。

役場《やくば》庁舎《ちょうしゃ》も津波《つなみ》におそわれ、町長をはじめ職員《しょくいん》四十人が死亡《しぼう》、行方不明《ゆくえふめい》になった。指示《しじ》を出す人たちを失《うしな》ったため、残《のこ》った職員《しょくいん》が懸命《けんめい》に救援体制《きゅうえんたいせい》を整《ととの》えた。大槌町《おおつちちょう》教育委員会《きょういくいいんかい》の職員《しょくいん》も、町の職員《しょくいん》として、災害対策本部《さいがいたいさくほんぶ》の仕《し》事《ごと》や炊《た》き出しを行い、本業《ほんぎょう》である教育《きょういく》に関《かん》する仕事《しごと》はできずにいた。

教育委員会《きょういくいいんかい》は、都道府県《とどうふけん》や市町村に置《お》かれる組織《そしき》で、地域《ちいき》の学校を管理《かんり》する役割《やくわり》を担《にな》っている。校舎《こうしゃ》の整備《せいび》や、教科・科目の目的《もくてき》や内容《ないよう》、教科外活動《かつどう》を決《き》めたり、給食《きゅうしょく》をどのように提供《ていきょう》するか、どの先生がどこの学校で働《はたら》くかなどを決《き》める、教育現場《きょういくげんば》の土台となる仕事《しごと》をしている。

大槌町《おおつちちょう》教育委員会《きょういくいいんかい》派遣《はけん》駐在《ちゅうざい》・指導主事《しどうしゅじ》の武藤美由紀《むとうみゆき》先生は、城山《しろやま》の中《ちゅう》央公民館《おうこうみんかん》の調理室《ちょうりしつ》で、避難《ひなん》している人たちのために、おにぎりをつくることに追《お》われていた。

震災《しんさい》から五日目の朝、赤浜《あかはま》小学校の佐々木啓子《ささきけいこ》校長と、岩切博文《いわきりひろふみ》副校《ふくこう》長《ちょう》が、武藤《むとう》先生のもとにやってきた。

津波《つなみ》に破壊《はかい》された大槌《おおつち》町《ちょう》役場《やくば》。加藤宏暉《かとうこうき》町長をはじめ、職員《しょくいん》40人が死亡《しぼう》、行方不《ゆくえふ》明《めい》に。屋上《おくじょう》に逃《に》げた23人が助《たす》かった

「赤浜《あかはま》小の児童《じどう》と教職員《きょうしょくいん》、校舎《こうしゃ》の状況《じょうきょう》を、まとめました」

差《さ》し出されたメモには、赤浜《あかはま》小学校の全校児童《ぜんこうじどう》三十五人、教職員《きょうしょくいん》十一人とも無事《ぶじ》で、当日は高台の民家《みんか》に避難《ひなん》したこと、校舎《こうしゃ》は一階《かい》が津波《つなみ》でめちゃくちゃになり、二階《かい》も水につかったこと、校舎《こうしゃ》より高台にある体育館《たいいくかん》も水が入ったが、地域《ちいき》の人々がきれいにそうじして、避難所《ひなんじょ》として使《つか》っていることなどが、書かれていた。

メモを見て、武藤《むとう》先生は目が覚《さ》めたように感《かん》じた。

（そうだ。いまわたしがやるべきは、学校のことだ。まずは、子どもたちはどんな状況《じょうきょう》ですごしているのか、学校はどうなっているのかをたしかめなければ……）

武藤《むとう》先生は、災害対策本部《さいがいたいさくほんぶ》にいる伊藤正治《いとうしょうじ》教育長《きょういくちょう》に言った。

「各校《かくこう》の状況《じょうきょう》を、たしかめにいこうと思います」

伊藤《いとう》教育長《きょういくちょう》は、深《ふか》くうなずいた。

武藤美由紀《むとうみゆき》先生は、震災《しんさい》当日から教育委員会《きょういくいいんかい》学務課《がくむか》のある中央公民館《ちゅうおうこうみんかん》に寝《ね》泊《と》まりして、学校再開《さいかい》に力を注《そそ》いだ

「そうですね。学校をどうするかを、考えなければいけない。武藤《むとう》先生、各校《かくこう》の状況《じょうきょう》と学校再開《さいかい》の可能性《かのうせい》を確認《かくにん》してください。たのんだよ」

武藤《むとう》先生は町内の避難《ひなん》所《じょ》をまわって、各校《かくこう》の校長に会い、子どもたちや先生たちの様子《ようす》を確認《かくにん》していった。

そうして避難所《ひなんじょ》をまわるうちに、

（一刻《いっこく》も早く、子どもたちの心のよりどころをつくってあげたい）

と、思うようになった。

大人はがれきのかたづけや、行方不明者《ゆくえふめいしゃ》の捜索《そうさく》など、やらなければならないことがたくさんあって、子どもによりそう余裕《よゆう》がない。

だれもが親しい人を亡《な》くしたり、家を失《うしな》ったりしたショックに加《くわ》えて、避《ひ》難所《なんじょ》での慣《な》れない集団《しゅうだん》生活につかれ切っていた。停電《ていでん》と断水《だんすい》によって、十分な食事《しょくじ》はとれず、トイレの水も流《なが》せない。日が落《お》ちれば真《ま》っ暗《くら》になり、トイレに行くだけでも大変《たいへん》という毎日にストレスがたまり、ケンカが起《お》きることもふえていた。

震災時《しんさいじ》、大槌町《おおつちちょう》役場《やくば》にいた伊藤正治《いとうしょうじ》教育《きょういく》長《ちょう》は、津波《つなみ》にもまれながらも奇跡的《きせきてき》に助《たす》かり、すぐに災害対策本部《さいがいたいさくほんぶ》の業務《ぎょうむ》についた

一日中、避難所《ひなんじょ》でおとなしくしているのは、子どもにとってはきついことだ。とはいえ、公園はなくなり、がれきに埋《う》まった町を歩くのは危険《きけん》すぎる。

赤浜地区《あかはまちく》。津波《つなみ》で流《なが》された観光船《かんこうせん》が、民宿《みんしゅく》の屋根《やね》の上に残《のこ》された。大槌町《おおつちちょう》をおそった津波《つなみ》の高さは 10 ～ 22 メートル。22 メートルは、マンションなら、およそ 7 階《かい》の高さに当たる

そんななか、先生と子どもたちが言葉《ことば》をかわして、ほほえむ様子《ようす》も見られた。

（どんな状況《じょうきょう》でも、子どもたちと先生がいるところは、学校になるんだ……）

武藤《むとう》先生の胸《むね》に、熱《あつ》いものがわきあがってきた。

（いまこのときも、子どもたちは成長《せいちょう》している。小学六年生や中学三年生にとって、卒業式《そつぎょうしき》という節目《ふしめ》を経験《けいけん》できなかったことが、つぎのステップへ進《すす》むときのおくれにならないようにしたい。震災《しんさい》があったから、やりたいことができなかったという思いを、子どもたちにさせたくない！）

武藤《むとう》先生は、校長先生たちに言った。

「卒業式《そつぎょうしき》を行い、入学式《にゅうがくしき》の準備《じゅんび》をしましょう」

だが、校長先生たちは、つらそうに息《いき》をついた。

「校舎《こうしゃ》や体育館《たいいくかん》で使《つか》えるスペースは、避難所《ひなんじょ》になっています。それに、津波《つなみ》で、卒業証書《そつぎょうしょうしょ》も、児童生徒《じどうせいと》の名簿《めいぼ》も、教材《きょうざい》や新年度《しんねんど》の教科書も、つくえやイスも、子どもたちのランドセルや文房具《ぶんぼうぐ》も、すべて流《なが》されてしまいました。どこで、どうやってやれば……」

武藤《むとう》先生は、ぐっと、口をつぐんだ。

（こんな状況《じょうきょう》で先生たちに〝教育《きょういく》〟を求《もと》めるのは、酷《こく》だろうか。ものがないと、なにもできない？　本当に、できないんだろうか）

いろいろな思いがぐるぐると、頭をかけめぐる。

（でも、わたしたちがここで立ち止まったら、子どもたちは一歩も前に進《すす》めない）

武藤《むとう》先生は自分をふるい立たせるように、はっきり言った。

「いま、できることはなにか、考えましょう」

武藤《むとう》先生と校長先生たちは、知恵《ちえ》をしぼり、震災《しんさい》から九日後の三月二十日、卒業式《そつぎょうしき》を行う日を決《き》めた。パソコンやプリンターも使《つか》えない状態《じょうたい》だったので、手書きでポスターをつくり、町内の避難所《ひなんじょ》三十数カ所《しょ》にはってまわった。

三月二十九日、子どもたちはひさしぶりに集《あつ》まり、避難《ひなん》している人たちが空けてくれたスペースや校庭《こうてい》で、卒業式《そつぎょうしき》に参加《さんか》した。再会《さいかい》を喜《よろこ》ぶ子どもたちの声があがると、後ろで見守《みまも》る大人たちは、涙《なみだ》をぬぐった。子どもたちの笑顔《えがお》や声が、大人のはりつめた心をほぐし、はげましていた。

もともと大槌町《おおつちちょう》はどの地域《ちいき》も、学校がコミュニティーの中心にあった。入《にゅう》学式《がくしき》や卒業式《そつぎょうしき》、運動会《うんどうかい》は、学校の行事《ぎょうじ》というより地域行事《ちいきぎょうじ》だ。地域《ちいき》の人がいっしょに参加《さんか》して祝《いわ》ったり、地域《ちいき》に伝《つた》わる郷土芸能《きょうどげいのう》を演《えん》じたりしてきた。

漁師町《りょうしまち》にある赤浜《あかはま》小学校の卒業式《そつぎょうしき》は、毎年、卒業生《そつぎょうせい》より出席者《しゅっせきしゃ》のほうが多いぐらいだった。卒業生《そつぎょうせい》五人ぐらいに対《たい》して、数十人の出席者《しゅっせきしゃ》が拍手《はくしゅ》をし、胴《どう》上《あ》げをする。卒業生《そつぎょうせい》がひとりずつ壇上《だんじょう》にあがり、地域住民《ちいきじゅうみん》の前で、「わたしは将来《しょうらい》、漁師《りょうし》になります！」などと、将来《しょうらい》の夢《ゆめ》を宣言《せんげん》するのも恒例《こうれい》だ。

この日も、卒業生《そつぎょうせい》はしっかり前を見て、将来《しょうらい》の夢《ゆめ》を語った。

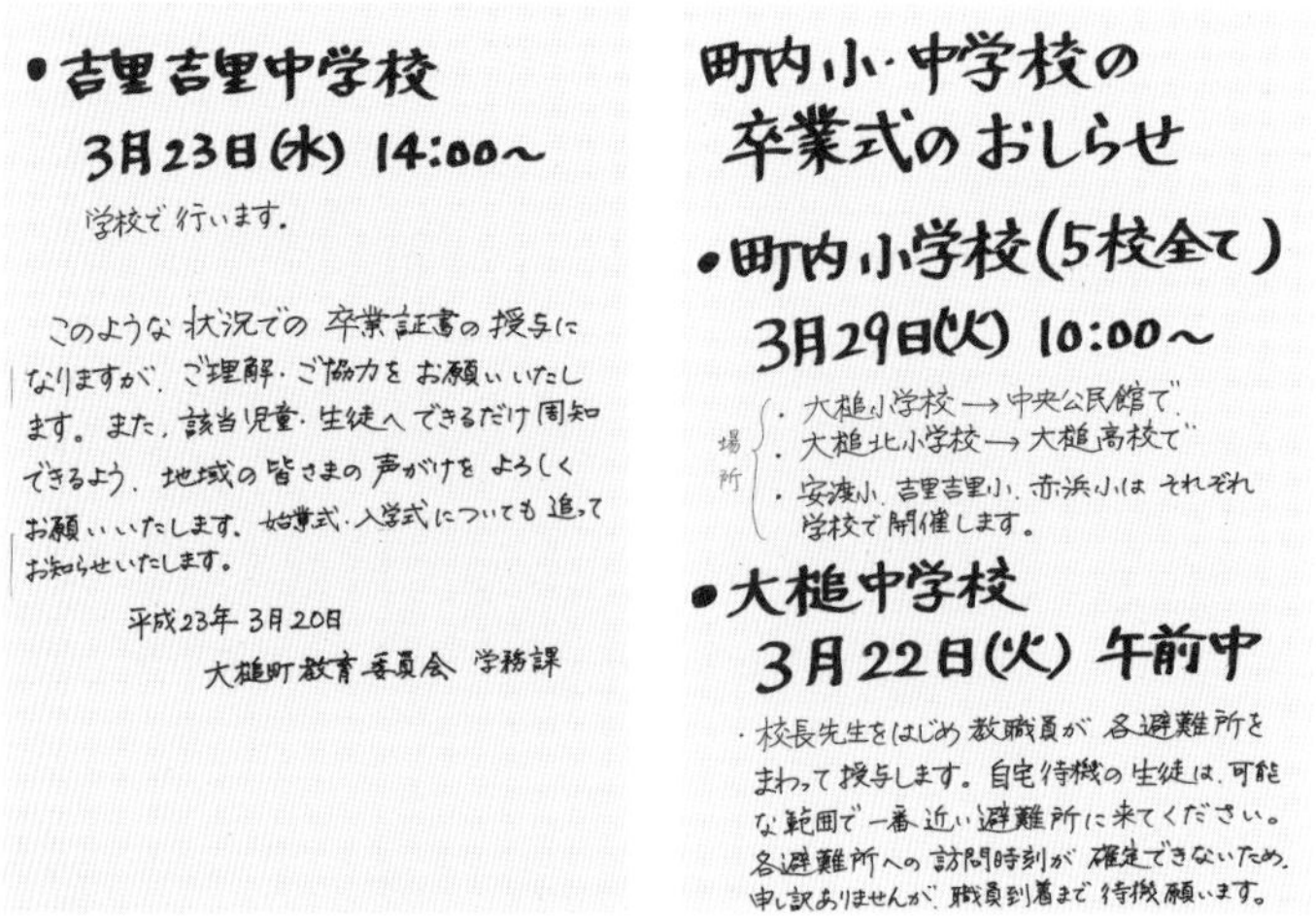

町内小・中学校の
卒業式のおしらせ

・町内小学校（5校全て）
3月29日(火) 10:00～

場所
・大槌小学校→中央公民館で
・大槌北小学校→大槌高校で
・安渡小、吉里吉里小、赤浜小は それぞれ学校で開催します。

・大槌中学校
3月22日(火) 午前中

・校長先生をはじめ教職員が各避難所をまわって授与します。自宅待機の生徒は、可能な範囲で一番近い避難所に来てください。各避難所への訪問時刻が確定できないため、申し訳ありませんが、職員到着まで待機願います。

・吉里吉里中学校
3月23日(水) 14:00～
学校で行います。

このような状況での卒業証書の授与になりますが、ご理解・ご協力をお願いいたします。また、該当児童・生徒へできるだけ周知できるよう、地域の皆さまの声がけをよろしくお願いいたします。始業式・入学式についても追ってお知らせいたします。

平成23年3月20日
大槌町教育委員会 学務課

武藤《むとう》先生が書いた卒業式《そつぎょうしき》を知らせるポスター

2011年3月29日の大槌《おおつち》小学校の卒業式《そつぎょうしき》。同じ建物《たてもの》のなかにある城山公園体育館《しろやまこうえんたいいくかん》に避難《ひなん》していた300人以上《いじょう》の人たちに見守《みまも》られながら挙行《きょこう》された

第《だい》2章《しょう》　となり町での学校再開《さいかい》

陽音《はると》は、震災《しんさい》の翌日《よくじつ》から親せきの家でくらすようになった。五人家族《かぞく》の家に親せきが集《あつ》まり、多いときは二十人が生活をともにした。部屋《へや》のふすまをはずして、ふとんをしきつめ、停電《ていでん》で照明《しょうめい》がつかないため、夜七時には寝《ね》るという毎日だった。

陽音《はると》は余震《よしん》が起《お》きるたび、びくっと、体をこわばらせた。

お母さんや親せきの人たちはみな明るく、じょうだんを言って笑《わら》うこともあったが、陽音《はると》の気持《きも》ちはどこかはりつめていた。

何日たっても、おじいちゃん、おばあちゃんの行方《ゆくえ》はわからないまま。はなれてくらしていた、お父さんの行方《ゆくえ》もわからない。

陽音《はると》が小学校に入る少し前、両親《りょうしん》は離婚《りこん》した。

それから、陽音《はると》は大槌町《おおつちちょう》の中心街《ちゅうしんがい》にあるお母さんの実家《じっか》で、おじいちゃん、おばあちゃん、お母さんと四人でくらしてきた。

日中、お母さんが仕事《しごと》でいない時間は、おじいちゃん、おばあちゃんが陽《はる》音《と》の世話《せわ》をしてくれた。

同じ大槌町《おおつちちょう》にくらすお父さんとは、好《す》きなときに会えた。

とくに祭《まつ》りのときは、お父さんの地元、安渡《あんど》の雁舞道《がんまいどう》地区《ちく》に伝《つた》わる郷土芸《きょうどげい》能《のう》「雁舞道七福神《がんまいどうしちふくじん》」に参加《さんか》するため、練習《れんしゅう》をする時期《じき》は毎日のように、お父さんに会った。

陽音《はると》にとって三人は、そばにいるのが当たり前だったから、頭が混乱《こんらん》した。

(おとうは、どこにいるの？　どうして家に、じいじ、ばあばがいないの？　だれか、いま起《お》きていることは、全部《ぜんぶ》うそだと言ってよ)

いく日かたったとき、お母さんが陽音《はると》に言った。

2011 年6月 26 日、安渡《あんど》小学校の体育館《たいいくかん》で。雁舞道七福神《がんまいどうしちふくじん》の踊《おど》りが、長引く避難《ひなん》生活につかれた人々を元気づけた。陽音《はると》はお父さんを思いながら、宝来《ほうらい》（布袋《ほてい》）を踊《おど》った（写真《しゃしん》、ステージ上の右から３番目）

「覚悟《かくご》しておいたほうがいいね」

（覚悟《かくご》って、なにを？　わけがわかんないよ）

陽音《はると》には信《しん》じられないことばかりで、もはや悲《かな》しいとか、つらいという感《かん》情《じょう》をこえていた。自分のまわりにあったものがすべて変《か》わってしまい、気持《きも》ちがついていかなかった。

四月に入ると、勉強会《べんきょうかい》の知らせがとどいた。先生たちが避難所《ひなんじょ》に配《くば》って歩いた手紙を、お母さんがもらってきたのだ。

「行ってみる？」

お母さんに聞かれて、陽音《はると》はうなずいた。

（なんでもいいから、前にやっていたことをやりたい。ふつうにもどりたい）

陽音《はると》は平日《へいじつ》の午前中、お母さんの車で大槌《おおつち》高校に送《おく》ってもらい、コンピューター室で国語や算数のドリルをとくようになった。

大槌《おおつち》小学校の友だちは、ほかの施設《しせつ》での勉強会《べんきょうかい》に参加《さんか》していて会えなかったが、ドリルをやっている数時間は、ほかのことを考えないですんだ。

そのうち、小中学校の始業式《しぎょうしき》の知らせがとどいた。四月二十日に行われるという。

始業式《しぎょうしき》当日、陽音《はると》は避難《ひなん》以来《いらい》はじめて、城山《しろやま》へ行った。中央公民館《ちゅうおうこうみんかん》の大《だい》会議室《かいぎしつ》に入ると、

「お〜、陽音《はると》!」

友だちが、笑顔《えがお》で手をあげた。

どこに避難《ひなん》しているか。いま、どんな毎日をすごしているか。そんな話をしたあと、「こんど、いっしょに遊《あそ》ぼう」と言われた。

陽音《はると》は友だちと会えてほっとしたが、心はどこか遠くにあるようだった。

(全部《ぜんぶ》、夢《ゆめ》ならいいのに。目が覚《さ》めたら、じいじとばあばがいる、いつもの生活になっていればいいのに……)

始業式《しぎょうしき》がはじまり、小野寺美恵子《おのでらみえこ》校長が前に立った。

「津波《つなみ》が来て、校庭《こうてい》と校舎《こうしゃ》一階《かい》はがれきに埋《う》まり、町内で発生《はっせい》した火災《かさい》が校《こう》舎《しゃ》に燃《も》え広がりました。いまも黒く焼《や》けこげていますが、校舎《こうしゃ》本体はくずれることなく、しっかり建《た》っています。そして、校庭《こうてい》の桜《さくら》は波《なみ》の塩水《しおみず》をかぶったけれど、花をさかせていますね。苦《くる》しみや悲《かな》しみに耐《た》えている町のシンボルのようです」

始業式《しぎょうしき》のあと、陽音《はると》が外に出ると、校庭《こうてい》にさいている桜《さくら》が見えた。赤茶色にさびたり、火災《かさい》で黒くすすけたりしているがれきのなかで、あわいピンク色がひかえめながら、「ここにいるよ」と、主張《しゅちょう》していた。

「本当だ、さいてる。もうさかないと思ってたのに、強いな」

新しい季節《きせつ》をむかえて芽《め》ぶく。そんな当たり前のことが、うれしかった。

長い春休みを終《お》えて、陽音《はると》は四年生になった。

大槌町《おおつちちょう》教育委員会《きょういくいいんかい》は、四月二十日の始業式《しぎょうしき》を皮切《かわき》りに、二十五日に、小学校、中学校の入学式《にゅうがくしき》を行い、二十六日から、授業《じゅぎょう》を再開《さいかい》すると決《き》めた。

だが、最大《さいだい》の問題《もんだい》は、どこで授業《じゅぎょう》を行うか、だった。町内

（大槌町《おおつちちょう》で使《つか》える小中学校は、吉里吉里《きりきり》小学校と吉里吉里《きりきり》中学校だけ。町内の小学生と中学生が授業《じゅぎょう》を受《う》けるには、どうしたらいいのか）

教育委員会《きょういくいいんかい》の武藤《むとう》先生は、考えた。

大槌町《おおつちちょう》で最《もっと》も児童数《じどうすう》の多い小学校は、陽音《はると》たちの大槌《おおつち》小学校で、震災前《しんさいまえ》は二百八十六人がいた。

二番目に多いのは大槌北《おおつちきた》小学校で、二百二十五人。三番目は吉里吉里《きりきり》小学校で、百五十六人。安渡《あんど》小学校は七十一人で、赤浜《あかはま》小学校は三十五人。

全部《ぜんぶ》の小学校を合わせて七百七十三人の児童《じどう》がいたのに、震災後《しんさいご》は二百五十人ほど減《へ》った。ほとんどの児童《じどう》が無事《ぶじ》だったにもかかわらず児童数《じどうすう》が減《へ》ったのは、多くの町民《ちょうみん》がほかの地域《ちいき》へうつったからだ。

（子どもたちは身近《みぢか》な人や慣《な》れ親しんだものを失《うしな》い、ただでさえ心の支《ささ》えを

なくしているのに、学校の友だちや先生まで変《か》わったら、もっと不安《ふあん》になるのではないか）

岩手県《いわてけん》の教育委員会《きょういくいいんかい》は、二〇一一年度《※ねんど》にかぎって、県内《けんない》の小中学校すべての先生に、震災時《しんさいじ》の学校に継続《けいぞく》して勤務《きんむ》してもらうことを決定《けってい》した。

武藤《むとう》先生は、できるだけ学校や学年ごとにまとまって授業《じゅぎょう》ができるようにしたかった。だが、吉里吉里《きりきり》小学校や吉里吉里《きりきり》中学校を使《つか》うとすれば、スペースの問題《もんだい》で、午前に授業《じゅぎょう》をする学校と、午後に授業《じゅぎょう》をする学校に分けるしかない。

（でも、それでは授業《じゅぎょう》時間が足りなくなる。子どもたちの進学《しんがく》を思えば、勉強《べんきょう》におくれが出ないようにしたい）

そんな武藤《むとう》先生の思いが通じ、大槌《おおつち》高校と、となりの山田町《やまだまち》にある県立《けんりつ》の社会教育施設《しゃかいきょういくしせつ》「陸中海岸青少年の家《りくちゅうかいがんせいしょうねんのいえ》」の一部《ぶ》をかしてもらえることになった。陸中海岸《りくちゅうかいがん》青少年の家には山田町《やまだまち》で被災《ひさい》した船越《ふなこし》小学校が入るが、あと

※日本の学校年度《ねんど》は4月1日〜翌年《よくねん》3月31日を1年度《ねんど》とする

三百人ぐらいは対応《たいおう》できるという。

そこで、人数の多い大槌《おおつち》小学校が、陸中海岸《りくちゅうかいがん》青少年の家で授業《じゅぎょう》を行うことになった。一～三年生は施設《しせつ》の研修室《けんしゅうしつ》と音楽室を教室とし、四～六年生は体《たい》育館《いくかん》をパーティションで仕切《しき》って教室とした。つくえやイスは長崎県教育委《ながさきけんきょういくい》員会《いんかい》の支援《しえん》で、長崎県《ながさきけん》の学校であまっているものが急《いそ》ぎとどけられた。

人数が少ない赤浜《あかはま》小学校と安渡《あんど》小学校の児童《じどう》は、吉里吉里《きりきり》小学校の視聴《しちょう》覚室《かくしつ》や音楽室などの教室を学年別《がくねんべつ》に仕切《しき》るなどして使用《しよう》し、大槌北《おおつちきた》小学校の児童《じどう》は、吉里吉里《きりきり》小学校の体育館《たいいくかん》を仕切《しき》って使用《しよう》した。

吉里吉里《きりきり》小学校や、陸中海岸《りくちゅうかいがん》青少年の家の体育館《たいいくかん》で生活していた避難者《ひなんしゃ》は、「子どもたちのためになるなら」と、ほかの場所《ばしょ》へうつってくれた。

大槌《おおつち》中学校は一、二年生が吉里吉里《きりきり》中学校、三年生が大槌《おおつち》高校の教室を使《つか》うことになった。

被災《ひさい》をまぬがれた大槌町学校給食《おおつちちょうがっこうきゅうしょく》センターも再稼働《さいかどう》し、授業再開日《じゅぎょうさいかいび》か

大槌《おおつち》小学校は、陸中海岸《りくちゅうかいがん》青少年の家で、学校生活を再《さい》開《かい》した。二年生の授業《じゅぎょう》風景《ふうけい》

大槌北《おおつちきた》小学校は、吉里吉里《きりきり》小学校の体育館《たいいくかん》を仕切《しき》った教室で授業《じゅぎょう》を行った

ら各校《かくこう》へ給食《きゅうしょく》をとどけた。

最初《さいしょ》の給食《きゅうしょく》は、パンとスポーツドリンク、汁物《しるもの》とサケの塩焼《しおや》き。通常《つうじょう》の給《きゅう》食《しょく》メニューとはいかなかったが、それでも岩手県《いわてけん》の被災地域《ひさいちいき》では早い再開《さいかい》だった。

四月から五月にかけて、陽音《はると》の生活も大きく変《か》わった。

陸中海岸《りくちゅうかいがん》青少年の家は遠くて徒歩《とほ》や自転車《じてんしゃ》では通えないため、スクールバスで通学するようになり、家では、お母さんとふたりでくらすようになった。震災《しんさい》二日目から世話《せわ》になっていた親せきの家を出て、空き家になっていた親せきの家にうつったのだ。

学校に行って、友だちと会えるのはうれしかった。

だが、やはり自分たちの学校とは思えなかった。

ほかの場所《ばしょ》を借《か》りているという遠慮《えんりょ》があったし、パーティションで仕切《しき》った教室は、となりの音がすべて聞こえてきて落《お》ち着《つ》かなかった。

お父さんや、おじいちゃん、おばあちゃんの行方《ゆくえ》は二カ月たっても、わからないまま。学校では明るくふるまっていたが、胸《むね》のなかには、いつも重《おも》い気持《きも》ちがあった。

友だちには、行方不明《ゆくえふめい》の家族《かぞく》がいることは話さなかった。ほかにも家族《かぞく》や親せきを亡《な》くしている同級生《どうきゅうせい》がいるなかで、自分のつらさを口に出すのは気が引けたからだ。

気持《きも》ちは止まったままなのに、町には、がれきをかたづける重機《じゅうき》やトラックが行き交い、復興《ふっこう》へ向《む》けて動《うご》いていく。

(なんで、ぼくはとなりの町に通っているんだろう。青少年の家で授業《じゅぎょう》を受《う》けているのは、本当のこと?)

陽音《はると》はなかなか現実《げんじつ》が受《う》け入れられず、自分がどうしたいのか、どうしたらいいのか、わからなかった。

しだいに、学校に行けない日がふえていった。とくに、お父さんや、おじいちゃん、おばあちゃんの夢《ゆめ》や、どこか高いところから落《お》ちる夢《ゆめ》を見た朝は、学校へ行く気になれなかった。

「どうしたの？」

と、お母さんに聞かれても、陽音《はると》は泣《な》くだけで、言葉《ことば》が出てこない。この気《き》持《も》ちをどう表《あらわ》したらいいのかわからなくて、それがまた苦《くる》しかった。

お父さんの遺体《いたい》が発見《はっけん》されたのは、七月だった。

お父さんは、つとめていた店のお客《きゃく》さんを誘導《ゆうどう》して避難《ひなん》したものの、なお店に残《のこ》っていたお客《きゃく》さんを避難《ひなん》させるためにもどって、津波《つなみ》にのまれたと聞いた。

（なんでもどったんだよ。お客《きゃく》さんを助《たす》けようとしたのはりっぱだけど、おとうには、生きていてほしかったよ……）

葬儀《そうぎ》を終《お》えた日、陽音《はると》はお父さんの夢《ゆめ》を見た。

ふたりでよく行ったラーメン店はなぜかうす暗《ぐら》くて、配《はい》ぜんをしている人も黒っぽく見える。陽音《はると》の前にすわっていたお父さんが、つぶやいた。

「夢《ゆめ》でしか会えないんだ」

(夢《ゆめ》でもいいから、これからも会いたいよ)

そう言おうとしたとき、目が覚《さ》めた。ぬぐってもぬぐっても、涙《なみだ》が止まらない。

お母さんが、やさしく言った。

「泣《な》きたいときは泣《な》いていいから、泣《な》いた分の倍《ばい》、いっぱい笑《わら》いなさい」

陽音《はると》はほんの少しだけ、気持《きも》ちが軽《かる》くなったように思えた。

それからも、陽音《はると》は涙《なみだ》が出るたび、お母さんの言葉《ことば》を思い出した。

第《だい》3章《しょう》　仮設《かせつ》でもぼくらの校舎《こうしゃ》

学校が再開《さいかい》した五月ごろから、子どもたちにも先生たちにも、つかれが見えてきた。

(子どもたちにも、先生たちにも、心のケアが必要《ひつよう》だ)

そう感《かん》じた武藤《むとう》先生は、ほかの地域《ちいき》から支援《しえん》に来てくれていたスクールソーシャルワーカーに力をかしてもらえるよう、お願《ねが》いした。

スクールソーシャルワーカーは、児童生徒《じどうせいと》が日常《にちじょう》生活でかかえているなやみや苦《くる》しみについて、家族《かぞく》や友人、学校、地域《ちいき》に働《はたら》きかけて解決《かいけつ》にみちびく支援《しえん》をする専門職《せんもんしょく》だ。

そして、学校で直接《ちょくせつ》、子どもたちの心理相談《そうだん》に応《おう》じるため、六月から、スクールカウンセラーによる支援《しえん》がはじまった。とはいえ、すぐに心の問題《もんだい》が解決《かいけつ》するわけではない。

ストレス反応《はんのう》は、ひとりひとり異《こと》なる。震災後《しんさいご》すぐに気持《きも》ちや行動《こうどう》に表《あらわ》れる子もいれば、数年たってから表《あらわ》れる子もいる。ふさぎこむ子もいれば、ほかの子をからかったり、ケンカしたりといった行動《こうどう》をする子もいる。それぞれの心に向《む》き合うのは、短期間《たんきかん》ではむずかしい。

スクールソーシャルワーカーやスクールカウンセラーは、子どもたちや先生たちに明るく話しかけるなどして、時間をかけて信頼関係《しんらいかんけい》を築《きず》き、安心《あんしん》して相談《そうだん》してもらえるようにした。

仮設校舎《かせつこうしゃ》の建設《けんせつ》がはじまった七月、伊藤《いとう》教育長《きょういくちょう》は武藤《むとう》先生に言った。

「小中一貫教育《いっかんきょういく》を考えてみたい。大槌《おおつち》に伝《つた》わってきたものを学び、大槌《おおつち》の復《ふっ》興《こう》と発展《はってん》を担《にな》う教科として、『ふるさと科』を教育《きょういく》の柱《はしら》にできないだろうか。

学校を失《うしな》ったいまだからこそ、ふり出しにもどって、大槌《おおつち》の子どもたちにとっていい教育《きょういく》とはなにか、を考えてみよう」

ほかの多くの地域《ちいき》と同じように、大槌町《おおつちちょう》も震災前《しんさいまえ》から、不登校《ふとうこう》や乱暴《らんぼう》な言《げん》動《どう》などの問題行動《もんだいこうどう》、中学校入学後に小学校とのちがいにとまどい、学校生活についていけなくなる「中一ギャップ」の問題《もんだい》が課題《かだい》となっていた。そのうえ、震災《しんさい》によって、子どもたちは計り知れない悲《かな》しみを味《あじ》わい、深《ふか》い心のきずを負《お》った。

「復興《ふっこう》に向《む》け、悲《かな》しみや苦《くる》しみを乗《の》りこえていくためにも、学校、保《ほ》護者《ごしゃ》、地域住民《ちいきじゅうみん》のみんなで、子どもたちを育《はぐく》むしくみをつくりたい」

伊藤教育長《いとうきょういくちょう》の強い思いに、武藤《むとう》先生は、はっとした。

（目の前のことばかりに追《お》われていたけれど、もっと長い目で大槌《おおつち》の教育《きょういく》のあり方を考える、いい機会《きかい》にできるかもしれない。このときを、チャンスとしよう！）

小中一貫教育《いっかんきょういく》は、小学校と中学校の教育内容《きょういくないよう》を九年間で行う学校制度《せいど》だ。

（これからの大槌町《おおつちちょう》をつくるのは、子どもたち。大槌《おおつち》の風土のなかで、子どもたちの個性《こせい》や能力《のうりょく》をのばすには、たしかに九年間通した教育《きょういく》がぴったりかもしれない）

武藤《むとう》先生は小中一貫教育《いっかんきょういく》について調《しら》べて、大槌町《おおつちちょう》が目指《めざ》す教育《きょういく》を考え、

被災《ひさい》した小学校四校、中学校一校をひとつにする。

大槌町《おおつちちょう》の伝統《でんとう》や産業《さんぎょう》などを学んで、これまでのふるさと大槌《おおつち》のよさを知り、これからの新しい大槌町《おおつちちょう》を創《つく》っていく人材《じんざい》を育《そだ》てるため、「ふるさと科」を柱《はしら》にする。

そして、九年間をホップ期《き》（一〜四年）、ステップ期《き》（五〜七年）、ジャンプ期《き》（八・九年）とし、「豊《ゆた》かな心」と「確《たし》かな学力」を育《そだ》てる。

といった大槌町《おおつちちょう》ならではの教育《きょういく》、学校の構想《こうそう》をまとめていった。

九月、大槌町《おおつちちょう》にプレハブの仮設校舎《かせつこうしゃ》ができあがった。

四校の児童《じどう》が入る小学校の二棟《とう》（A棟《エーとう》、B棟《ビーとう》）と、大槌《おおつち》中学校の生徒《せいと》が入る中学校の二棟《とう》（C棟《シーとう》、D棟《ディーとう》）が、同じ敷地《しきち》にならんだ。

仮設校舎《かせつこうしゃ》が建設《けんせつ》されたのは、町営《ちょうえい》の大槌《おおつち》ふれあい運動公園《うんどうこうえん》サッカー場だった。サッカー好《ず》きな子にとっては大事《だいじ》な場所《ばしょ》で、天然《てんねん》の芝生《しばふ》が生えそろうのを待《ま》っている状態《じょうたい》だったが、ほかに学校を建《た》てられる場所《ばしょ》はなかった。

教職員《きょうしょくいん》と児童生徒《じどうせいと》の保護者《ほごしゃ》が力を合わせて、仮設校舎《かせつこうしゃ》につくえやイスを運《はこ》び入れ、小学校は九月二十日、中学校は二十二日に仮設校舎《かせつこうしゃ》での生活をスタートさせた。

大槌町《おおつちちょう》は、地区《ちく》ごとに強い個性《こせい》がある。大槌《おおつち》小学校や大槌北《おおつちきた》小学校の児《じ》童《どう》は、おっとりした町の子という感《かん》じだが、赤浜《あかはま》小学校や安渡《あんど》小学校の児童《じどう》は、漁師町《りょうしまち》らしく勢《いきお》いがある。

仮設校舎《かせつこうしゃ》には、小学校四校と、大槌《おおつち》中学校が入ることになった

仮設《かせつ》の校舎《こうしゃ》と体育館《たいいくかん》は、大槌《おおつち》ふれあい運動公園《うんどうこうえん》サッカー場に建《た》てられた

それぞれの個性《こせい》を大事《だいじ》にしつつ、ひとつの学校としてまとめていくには時間が必要《ひつよう》だろうと、二〇一一年九月から二〇一二年度《ねんど》は四つの小学校のかたちのままでいき、二〇一三年度《ねんど》の四月に四校を統合《とうごう》してひとつの学校にすることになった。

陽音《はると》たち大槌《おおつち》小学校四年生は、Ａ棟《エーとう》二階《かい》の教室になった。

「これで、ふつうになった」

友だちの言葉《ことば》に、陽音《はると》もうなずいた。

（仮設《かせつ》だけど、ぼくらの校舎《こうしゃ》だ。自分たちのものとして使《つか》っていいんだ）

なによりうれしかったのは、休み時間に、外でボールを使《つか》って遊《あそ》べることだ。

陸中海岸青少年《りくちゅうかいがん》の家では、同じ敷地内《しきちない》で学校生活と避難《ひなん》生活が営《いとな》まれるため、先生たちは休み時間にボールを使《つか》わないようにと、児童《じどう》に指導《しどう》していた。仮設校舎《かせつこうしゃ》にうつって、ようやく好《す》きなだけ体を動《うご》かせるようになった。

子どもたちは、仮設校舎《かせつこうしゃ》とともに建《た》てられた仮設体育館《かせつたいいくかん》の愛称《あいしょう》を「スマイル体育館《たいいくかん》」と名づけた。

伊藤《いとう》教育長《きょういくちょう》は思った。

（スマイルか。悲《かな》しみやつらさを乗《の》りこえようとする子どもたちの思い、そして大人たちへのメッセージなのかもしれないな）

ただ、プレハブ校舎特有《こうしゃとくゆう》の不便《ふべん》さもあった。二階《かい》の足音が一階《かい》に伝《つた》わりやすく、楽器演奏《がっきえんそう》や合唱《がっしょう》の音もひびく。気温《きおん》の影響《えいきょう》も受《う》けやすく、夏は朝の十時で室温《しつおん》が四十度《ど》をこえ、冬は教室に置《お》かれた水槽《すいそう》に氷《こおり》がはった。各教室《かくきょうしつ》にエアコンがつくまでの一年間、この気温差《きおんさ》は大きなストレスとなった。

それでも、陽音《はると》にとって、仮設校舎《かせつこうしゃ》は楽しい場所《ばしょ》だった。保育所《ほいくしょ》でいっしょだった安渡《あんど》小学校の子たちと再会《さいかい》して、話すようにもなった。

また、体験学習《たいけんがくしゅう》や学習発表会《がくしゅうはっぴょうかい》など、四校合同で行った活動《かつどう》のおかげで、ほかの小学校の子たちとも、少しずつ親しくなっていった。

小学校が仮設校舎《かせつこうしゃ》にうつった四日後、大槌町《おおつちちょう》の大イベント「大槌《おおつち》まつり」が開催《かいさい》された。

大槌町《おおつちちょう》は、郷土芸能《きょうどげいのう》が盛《さか》んだ。町内の集落《しゅうらく》で、それぞれに親から子、子から孫《まご》へと伝承《でんしょう》されてきた芸能《げいのう》が二十ほどある。

陽音《はると》は雁舞道七福神《がんまいどうしちふくじん》をお父さんから受《う》けついで、小学一年生から七福神《しちふくじん》の踊《おど》りをやってきた。

雁舞道地区《がんまいどうちく》は三十軒《けん》ほどあった家がすべて津波《つなみ》に流《なが》され、住民《じゅうみん》は仮設《かせつ》住宅《じゅうたく》でばらばらにくらすようになった。だが集《あつ》まると、すぐに打《う》ちとけられる。みんな、おさないころからよく知っている、親せきのような人たちだ。

今回、陽音《はると》がまかされたのは、七福神《しちふくじん》で最《もっと》も重要《じゅうよう》な役《やく》どころである大黒《だいこく》（大黒天《だいこくてん》）だった。太鼓《たいこ》や笛《ふえ》の囃子《はやし》は大人が中心だが、七福神《しちふくじん》の踊《おど》りは子どもが踊《おど》る。七福神《しちふくじん》のなかで最初《さいしょ》に踊《おど》るのは大黒《だいこく》で、子どもたちを整列《せいれつ》させたり、まとめたりするのも大黒《だいこく》の役目《やくめ》だ。

陽音《はると》は小学４年生の秋から、雁舞道七福神《がんまいどうしちふくじん》の要《かなめ》である大黒《だいこく》をまかされた。2014 年９月、小鎚神《こづちじん》社祭典《じゃさいてん》、宵宮《よいみや》での奉納舞《ほうのうまい》。このとき、陽音《はると》は中学１年生

陽音《はると》の踊《おど》りを見て、お父さんの弟がからかった。

「陽音《はると》は踊《おど》るすがたもしぐさも、おまえのおやじにそっくりだ」

（おとうに……？）

陽音《はると》は、自分のなかにお父さんがいるような、不思議《ふしぎ》な気持《きも》ちになった。

（短気《たんき》なところも似《に》てるって言われるし、やっぱり、ぼくはおとうに似《に》ているんだな）

陽音《はると》たち雁舞道七福神《がんまいどうしちふくじん》のメンバーは、小鎚神社《こづちじんじゃ》の境内《けいだい》で踊《おど》ったあと、雁舞《がんまい》道地区《どうちく》へ行った。

陽音《はると》は、かつてお父さんとくらした家の跡地《あとち》に立った。倉庫《そうこ》に残《のこ》っていたおじいちゃんのはんてんをしき、その上にお父さんの遺影《いえい》を置《お》く。

しんとした空気を、太鼓《たいこ》と笛《ふえ》の音がふるわせた。メンバーは涙《なみだ》を流《なが》しながら囃子《はやし》をかなでたが、陽音《はると》は涙《なみだ》をこらえて踊《おど》った。

（ぼくには七福神《しちふくじん》のみんながいる。七福神《しちふくじん》は、おとうがぼくに残《のこ》してくれた

2013年9月、大槌稲荷《おおつちいなり》神社祭典《じんじゃさいてん》。大槌港《おおつちこう》に停泊中《ていはくちゅう》の定置《ていち》網漁船《あみぎょせん》の上で、雁舞道七福《がんまいどうしちふく》神《じん》を踊《おど》る。年に一度《ど》は船上で踊《おど》った

二〇一六年七月、大槌町《おおつちちょう》の県道《けんどう》の開通《かいつう》を祝《いわ》うパレードでも踊《おど》った。震災前《しんさいまえ》のお祭《まつ》りのようなにぎやかさで、復興《ふっこう》への大きな一歩を感《かん》じる陽音《はると》とお母さん

ものなんだ)

最後《さいご》まで踊《おど》り切って、陽音《はると》はお父さんの遺影《いえい》を見た。

(おとうをこえるぐらい、踊《おど》りも囃子《はやし》もうまくなる。だから、おとう、見てよ!)

陽音《はると》は、声をあげて泣《な》いた。

年が明けて、陽音《はると》はもうひとつの区切《くぎ》りをむかえることになった。

いくら待《ま》っても、おじいちゃん、おばあちゃんは見つからないまま。

お母さんは両親《りょうしん》の安否《あんぴ》がわからず、ずっと落《お》ち着《つ》かない気持《きも》ちでいた。

ふたりは津波《つなみ》に流《なが》されたのだろうと頭ではわかっていても、心にすとんと落《お》ちてこない。どこかで見つけてもらうのを待《ま》っているのではないか、家族《かぞく》のもとへ帰ってきたいだろうと思うと、胸《むね》がおしつぶされそうになる。

(せめて、ふたりの遺体《いたい》を見つけて、あの世《よ》へきちんと送《おく》ってあげたい)

ずっとそう思ってきたが、震災《しんさい》から一年になるのを前にして、お母さんは心を決《き》めた。

二〇一二年二月十九日、親せきが集《あつ》まるなか、おじいちゃんとおばあちゃんの葬儀《そうぎ》が行われた。

九人の孫《まご》のうち、五人が順番《じゅんばん》に別《わか》れの言葉《ことば》を読み、最後《さいご》に陽音《はると》が読んだ。

「じいじとばあばをこまらせて、めいわくをかけて、おこらせて、ごめんなさい。いつも、いつも、笑顔《えがお》で学校に送《おく》り出してくれてありがとう……」

おじいちゃんとおばあちゃんの顔がうかび、涙《なみだ》がこみあげる。

「ぼくはいまも、じいじとばあばが、そばにいる気がします。これから先、ぼくが佐々木《ささき》の名をつぐから、安心《あんしん》してね。何年たっても、ぼくたちを見《み》守《まも》ってください。ぼくたちは、絶対《ぜったい》にふたりをわすれないからね。いままで本当にありがとう」

泣《な》きじゃくる陽音《はると》に、お母さんが言った。

「生かされたからには、じいじとばあばにはずかしくないよう、生きていかなきゃね。毎日、ただなんとなくすごすのではなく、一生懸命《けんめい》、生きなさい」

陽音《はると》は泣《な》きながら、うなずいた。

これまで、お母さんがいてくれるから、どんなにつらくても気持《きも》ちを立て直してこられた。そう思ったとき、気がついた。

（おかあのほうが、ぼくよりつらいはずだ。ぼくにはおかあがいるけど、おかあは、たよりたいはずのお父さんとお母さんのふたりを、いっぺんに亡《な》くした。不安《ふあん》がいっぱいあるはずなのに、ぼくのことを一番に考えてくれているんだ……）

第《だい》4章《しょう》　これからの町のかたちって？

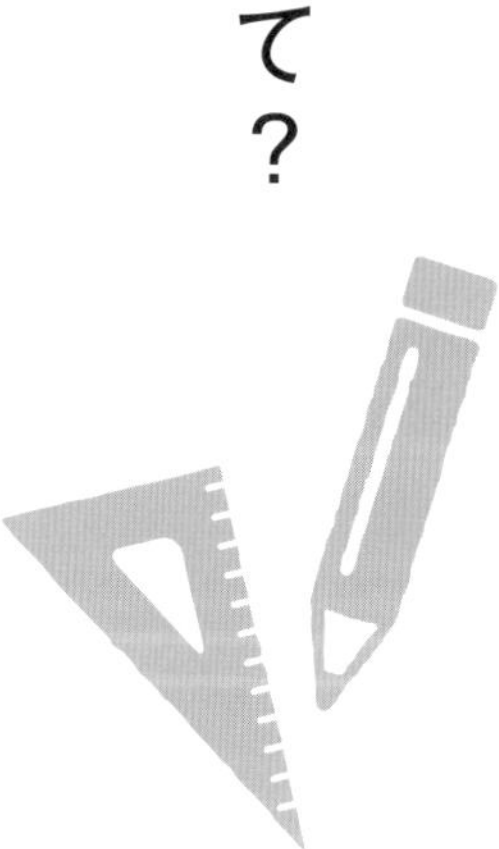

二〇一二年四月、陽音《はると》は五年生になった。

ミニバスケットボールのチームに入り、城山公園体育館《しろやまこうえんたいいくかん》で練習《れんしゅう》するようになると、陽音《はると》の心の底《そこ》にあった負《ま》けん気が、よびおこされてきた。

（もっとうまくなりたい。試合《しあい》で勝《か》ちたい！）

ミニバスケットボールをすること、七福神《しちふくじん》の仲間《なかま》といること、スクールカウンセラーやお母さんと話すことなどで、陽音《はると》は少しずつ気持《きも》ちを整理《せいり》していった。

ときどき泣《な》きたくなったり、イライラしたりすることもあったが、「どうしたの？」と、お母さんに聞かれれば、どういう気持《きも》ちなのか、言葉《ことば》で表《あらわ》せるようになった。

六月に入ったある日、お母さんが言った。

「町方地区《まちかたちく》の『復興《ふっこう》まちづくり懇談会《こんだんかい》』があるけど、陽音《はると》も行ってみる？」

町方地区《まちかたちく》は大槌町《おおつちちょう》の中心街《ちゅうしんがい》で、陽音《はると》がくらしたお母さんの実家《じっか》があった地区《ちく》だ。

陽音《はると》は少しめんどうくさいなあと思ったが、行ってみることにした。

会場に入ると、百人ぐらいの住民《じゅうみん》が席《せき》にすわっていた。見まわしてみると、子どもは陽音《はると》だけで、大人ではお母さんが一番わかい参加者《さんかしゃ》だった。

震災後《しんさいご》の復興《ふっこう》は、自治体《じちたい》ごとに計画が進《すす》められた。行政主導《ぎょうせいしゅどう》で進《すす》めているところもあったが、大槌町《おおつちちょう》は、赤浜《あかはま》、安渡《あんど》、吉里吉里《きりきり》、町方《まちかた》といった地区《ちく》ごとに住民《じゅうみん》の意見《いけん》を聞きながら、復興《ふっこう》計画を進《すす》めていた。

東日本大震災《ひがしにほんだいしんさい》で津波被害《つなみひがい》を受《う》けた地域《ちいき》は、高台を住宅地《じゅうたくち》に開拓《かいたく》して、集団《しゅうだん》でうつり住《す》む。もしくは、土を盛《も》って浸水《しんすい》しない高さにしたところを住宅地《じゅうたくち》にするなど、とにかく防災《ぼうさい》を一番に考えつつ、町がかかえる問題《もんだい》の解消《かいしょう》に取《と》り組まなくてはならなかった。

大槌町《おおつちちょう》が防災以外《ぼうさいいがい》にかかえていた問題《もんだい》は、人口が減《へ》ったことだ。震災前《しんさいまえ》から減《へ》ってきてはいたが、震災《しんさい》により沿岸部《えんがんぶ》から内陸部《ないりくぶ》へ引っこす人がふえたため、さらに人口が減少《げんしょう》した。

人口が減《へ》ると、住民《じゅうみん》から集《あつ》めている税金収入《ぜいきんしゅうにゅう》が少なくなり、自治体《じちたい》が住《じゅう》民《みん》のために使《つか》えるお金も少なくなる。人口が少ない地域《ちいき》でも、住民《じゅうみん》が利用《りよう》するものの整備《せいび》、修理《しゅうり》にはたくさんのお金がかかる。

では、どのように工夫《くふう》すれば、この大きな問題《もんだい》を解決《かいけつ》できるのか。

たとえば、人口の少ない地域《ちいき》は住民《じゅうみん》がかたまってくらせば、下水道や道路《どうろ》は短《みじか》くていいので、お金をかけなくてすむ。

また、わかい人が働《はたら》ける産業《さんぎょう》をつくって、住民《じゅうみん》をふやすのも手だ。

そのためには、海や山の産業《さんぎょう》が発展《はってん》するよう、港《みなと》と、海産物《かいさんぶつ》や木材《もくざい》を加工《かこう》する施設《しせつ》、商品《しょうひん》をほかの地域《ちいき》へとどけるのに便利《べんり》な道路《どうろ》などの整備《せいび》をする必《ひつ》要《よう》がある。これまで町になかったＩＴ《アイティー》関係《かんけい》の仕事《しごと》など、新しい産業《さんぎょう》を興《おこ》すのもいいだろう。

つまり、ただ町をもとどおりにすればいいのではなく、未来《みらい》もずっと住民《じゅうみん》がくらしやすい町にしなければならないのだ。

町方地区《まちかたちく》の復興《ふっこう》まちづくり懇談会《こんだんかい》がはじまると、大槌町役場《おおつちちょうやくば》の職員《しょくいん》が大《おお》槌町《つちちょう》の白地図を広げて、地区《ちく》のどのあたりの土を盛《も》りあげるか、防潮堤《ぼうちょうてい》はどのぐらいの高さにするかといった説明《せつめい》をした。

「調査《ちょうさ》の結果《けっか》、東日本大震災《ひがしにほんだいしんさい》規模《きぼ》の津波《つなみ》を大槌町《おおつちちょう》の海岸《かいがん》で止めるには、高さ十八・五メートルの防潮堤《ぼうちょうてい》が必要《ひつよう》だとわかりました。ですが、となりの釜《かま》石市《いしし》は、十四・五メートルで計画しているというので、大槌町《おおつちちょう》の町方《まちかた》も、それと同じぐらいの高さで問題《もんだい》ないのではないでしょうか」

町方地区《まちかたちく》の人たちから意見《いけん》が出た。

「いずれまた津波《つなみ》が来ると思うと、安心《あんしん》できない。防潮堤《ぼうちょうてい》は高くしてほしい」

「そんなに高いと、海が見えない。へいに囲《かこ》まれているようで、息苦《いきぐる》しい」

「防潮堤《ぼうちょうてい》はいままでと同じ六メートルぐらいで、避難路《ひなんろ》をきちんとつくればいいだろう」

陽音《はると》は、防潮堤《ぼうちょうてい》の高さひとつでも、いろいろな考え方があるんだと、おどろいた。

（ぼくなら、どのぐらいの高さにするかな。海が見えなくなるなんて、いやだな）

陽音《はると》は、震災前《しんさいまえ》の町が好《す》きだった。

（大槌《おおつち》の自慢《じまん》は、海がきれいで、魚がおいしいこと。新山《しんやま》高原のような、ながめのいい場所《ばしょ》もある。自然《しぜん》のなかでのびのびと遊《あそ》べる、明るい雰囲気《ふんいき》の町にしたいな）

陽音《はると》は懇談会《こんだんかい》の帰り道、お母さんに言った。

「ぼく、つぎも出るよ」

つぎの懇談会《こんだんかい》では、地区《ちく》の大人からいろいろな意見《いけん》が出るなか、陽音《はると》も思い切って意見《いけん》を言った。

「防潮堤《ぼうちょうてい》が十五メートルぐらいになったら、安心《あんしん》してしまって、地震《じしん》が来ても避難《ひなん》しない人がいると思います。逃《に》げおくれる人を出さないためには、危険《きけん》だと思って早く避難《ひなん》するほうがいい。だから、防潮堤《ぼうちょうてい》は十メートルより低《ひく》くして、海が見える計画にしたほうがいいと思います」

すると、

「よく言った！」

「いずれ、おまえたちが大槌町《おおつちちょう》を引っぱっていくんだから、おまえたちがいいと思う町をつくらないとな」

出席者《しゅっせきしゃ》からあたたかい声がかかり、拍手《はくしゅ》が起《お》きた。

陽音《はると》のなかに、これまでにない強い気持《きも》ちがわいた。

（そうだ。ぼくら子どもも町民《ちょうみん》なんだ。ぼくらの町なんだから、ぼくらがつくっていかないと。前のような、いや、前よりもいい町にしたい！）

二学期《がっき》に入ると、陽音《はると》たち五年生は「未来《みらい》の教室を考えよう」という特別《とくべつ》授業《じゅぎょう》を受《う》けることになった。

この授業《じゅぎょう》は、大槌町《おおつちちょう》が計画している小中一貫教育校《いっかんきょういくこう》の教室を、子どもたち自身《じしん》で考えてみようというものだ。

日本ユニセフ協会《きょうかい》が、大槌町《おおつちちょう》の碇川豊《いかりがわゆたか》町長と教育委員会《きょういくいいんかい》に提案《ていあん》した「子どもと築《きず》く復興《ふっこう》まちづくり」支援《しえん》プログラムとして、用意《ようい》された。

ユニセフ（国際連合児童基金《こくさいれんごうじどうききん》）は、世界中《せかいじゅう》の子どもたちの命《いのち》と健康《けんこう》を守《まも》るために活動《かつどう》する国連機関《こくれんきかん》。世界《せかい》百九十の国と地域《ちいき》にユニセフ現地事務所《げんちじむしょ》やユニセフ協会《きょうかい》が設置《せっち》されていて、そのひとつに、日本ユニセフ協会《きょうかい》がある。

日本ユニセフ協会《きょうかい》は、東日本大震災発生《ひがしにほんだいしんさいはっせい》以来《いらい》、被災地《ひさいち》の子どもたちに必要《ひつよう》な飲料水《いんりょうすい》や物資《ぶっし》の配布《はいふ》から、一日も早く学校生活を再開《さいかい》できるよう、学用《がくよう》品《ひん》や備品《びひん》、給食《きゅうしょく》、スクールバスの提供《ていきょう》、仮設《かせつ》トイレや仮設体育館《かせつたいいくかん》の設置《せっち》、そして、心のケアなど、そのつど必要《ひつよう》な対策《たいさく》を支援《しえん》してきた。

なかでも、日本ユニセフ協会《きょうかい》が支援《しえん》で大事《だいじ》だと考えているのは、子どもたちの「居場所《いばしょ》づくり」だった。

大きな災害《さいがい》が起《お》きると、大人は生活を立て直すのに、いそがしくなる。子どもは遊《あそ》ぶ場所《ばしょ》をなくし、することがない。大人に放《ほう》っておかれるうちに、自分はじゃまなのではないかと自信《じしん》をなくし、不安《ふあん》を口に出すこともできないまま、じっとがまんしてしまう子もいる。

自分の居場所《いばしょ》をなくしてしまうのだ。

ユニセフは世界《せかい》の災害現場《さいがいげんば》で支援《しえん》をしてきた経験《けいけん》から、「子どもは守《まも》らなければならないが、決《けっ》して受《う》け身《み》だけの存在《そんざい》にしてはいけない」と考えていた。自分たちで考え、行動《こうどう》できるようにみちびくこと。それが子ども自身《じしん》の心のケアにもつながるからだ。

――どうしたら、子どもたちにとっていい支援《しえん》ができるだろう。日本ユニセフ協会《きょうかい》が模索《もさく》していた二〇一一年八月、こども環境学会主催《かんきょうがっかいしゅさい》の「子どもが元気に育《そだ》つまちづくり～東日本大震災復興《ひがしにほんだいしんさいふっこう》プラン国際提案競《こくさいていあんきょう》技《ぎ》『知恵《ちえ》と夢《ゆめ》』の支援《しえん》」コンペが開《ひら》かれた。ここで、竹中工務店《たけなかこうむてん》の岡田慎《おかだまこと》、暁子夫妻《あきこふさい》が、「子どもと築《きず》く復興《ふっこう》まちづくり」という案《あん》を発表《はっぴょう》した。

町が丸ごと失《うしな》われた被災地《ひさいち》では、ゼロからの町づくりになる。新しい町ができるまで、十年から二十年はかかるだろう。そこでくらしていくのは、いまの子どもたち。復興《ふっこう》の主役《しゅやく》は、子どもたちだ。

いま、子どもたちに必要《ひつよう》なのは、学校や住宅《じゅうたく》、公園といった「カラダ」の居場所《いばしょ》を取《と》りもどすことと、「自分も役《やく》に立っている」「ここにいていいんだ」と思える「ココロ」の居場所《いばしょ》をつくることの両方《りょうほう》だ。

そこで、子どもも大人と同じように、復興《ふっこう》計画に参加《さんか》することを提案《ていあん》する。町づくりへの参加《さんか》が子どもたち自身《じしん》の力になり、復興《ふっこう》の力になる。成長《せいちょう》した子どもたちが将来《しょうらい》、町づくりの力になる――。

日本ユニセフ協会《きょうかい》はこの発想《はっそう》に共感《きょうかん》し、提案《ていあん》した岡田夫妻《おかだふさい》と、以前《いぜん》から町づくりのワークショップをしてきた山形《やまがた》大学の佐藤慎也《さとうしんや》 教授《きょうじゅ》と組んで、「復《ふっ》興《こう》・冒険遊《ぼうけんあそ》び場」「復興《ふっこう》・子どものまち」「復興《ふっこう》・まちづくり学習《がくしゅう》」「ふるさと復興《ふっこう》ワーク」の四つの支援《しえん》メニューを用意《ようい》して、被災地《ひさいち》の自治体《じちたい》に働《はたら》きかけた。

そして、賛同《さんどう》したいくつかの自治体《じちたい》が、日本ユニセフ協会《きょうかい》のスタッフや岡《おか》田夫妻《だふさい》、佐藤 教授《さとうきょうじゅ》といっしょに、支援《しえん》プログラムの内容《ないよう》を練《ね》った。

プログラムの内容《ないよう》は自治体《じちたい》ごとに異《こと》なるが、いずれも子どもたちが主体《しゅたい》となって、未来《みらい》に向《む》けた町づくりの提案《ていあん》をする内容《ないよう》だ。

「復興《ふっこう》・まちづくり学習《がくしゅう》」を支援《しえん》した佐藤慎也《さとうしんや》教授《きょうじゅ》（写真《しゃしん》左）と岡田慎《おかだまこと》さん（写真《しゃしん》右）

大槌町《おおつちちょう》は碇川《いかりがわ》町長や教育《きょういく》委員会《いいんかい》が、新しく建《た》てる学校について、子どもたちに考えてもらいたいと希望《きぼう》したことから、仮設校舎《かせつこうしゃ》に通う児童生《じどうせい》徒《と》が、自分たちが使《つか》いたい教室を考えるというプログラムになった。

そして、このプログラムは、四校の五年生九十人に向《む》けた授業《じゅぎょう》として進《すす》められることになった。「総合的《そうごうてき》な学習《がくしゅう》の時間」で「まちづくり学《がく》

特別授業《とくべつじゅぎょう》「未来《みらい》の教室を考えよう」を担当《たんとう》した、赤浜《あかはま》小学校の芦澤信吾《あしざわしんご》先生

習《しゅう》」をする五年生にこそ、考えてほしい内容《ないよう》だからだ。

二〇一二年度《ねんど》も、仮設校舎《かせつこうしゃ》内《ない》では小学校ごとに教室が分かれ、四つの職員室《しょくいんしつ》があるという四校の体制《たいせい》だったが、二〇一三年四月の統合《とうごう》に向《む》けて、合同で行う活動《かつどう》がふえはじめていた。

そのような状況下《じょうきょうか》でプログラムの担当者《たんとうしゃ》になった、赤浜《あかはま》小学校の芦澤信《あしざわしん》吾《ご》先生には、気がかりなことがあった。

子どもたちのなかには明るく元気そうに見えても、地震《じしん》が来ると泣《な》き出したり、突然《とつぜん》学校に来られなくなったりする子がいた。

（子どもたちがまだ精神的《せいしんてき》に不安定《ふあんてい》なときに、プログラムを進《すす》めていいものかどうか……)

学校は、町づくりのなかでも大事《だいじ》な施設《しせつ》になる。避難所《ひなんじょ》としての役割《やくわり》は大きく、防災面《ぼうさいめん》から考えるには、東日本大震災《ひがしにほんだいしんさい》をふり返《かえ》る必要《ひつよう》がある。しかし、子どもたちにとって、家や家族《かぞく》を失《うしな》い、恐怖《きょうふ》を味《あじ》わった震災《しんさい》をふり返《かえ》るのは、非常《ひじょう》にきついことだ。

(だが、いっしょに被災《ひさい》した先生たちがこの学校にいるときでないと、子どもたちの気持《きも》ちによりそう授業《じゅぎょう》はできないだろう。だったら今回のプログラムを、つらい現実《げんじつ》を乗《の》りこえる機会《きかい》にできるように全力《ぜんりょく》で努《つと》めよう)

芦澤《あしざわ》先生は、震災後《しんさいご》の町の状態《じょうたい》を受《う》け止めることから、授業《じゅぎょう》をはじめた。

「いま、大槌町《おおつちちょう》には地盤沈下《じばんちんか》したり、道路《どうろ》がなくなったりしたところがたくさんあるね。これから新しく町をつくっていくには、どこが安全《あんぜん》で、どこが安全《あんぜん》でないかがわからないと、計画できない。どこが安全《あんぜん》か、みんなで考えてみよう」

芦澤《あしざわ》先生は大槌町《おおつちちょう》の白地図を用意《ようい》して、子どもたちといっしょに安全《あんぜん》なところや、そうでないところをシールで色分けしていった。

浸水《しんすい》した住宅地《じゅうたくち》を水色のシールで埋《う》めるときは、

「ああ、こんなになくなっちゃったんだ」

と、子どもたちからため息《いき》がもれたが、

「ここは浸水《しんすい》しなかったから、家が建《た》てられるかもしれない」

「このへんは高台で安全《あんぜん》だけど、となりの市につながる道がない。いまから道路《どうろ》をつくるのは大変《たいへん》かな」

と、冷静《れいせい》に復興《ふっこう》計画を考えていることも伝《つた》わってきた。

芦澤《あしざわ》先生は、前を向《む》こうとしている子どもたちの気持《きも》ちをくんで、あえて明るく言った。

「みんなが気になるのは住宅《じゅうたく》だろうけど、町には学校もあるよね」

子どもたちひとりひとりの顔を見て、問《と》いかける。

「学校はどこに建《た》てたらいいと思う？」

　子どもたちは、つぎつぎに意見《いけん》を言った。

「学校は避難所《ひなんじょ》になるから、津波《つなみ》で浸水《しんすい》しない高台がいいと思います」

「安全《あんぜん》なのは、山の上だと思います」

「町のみんなが来られるスペースがないといけないから、小さい学校じゃだめ。すごく大きな学校を建《た》てられる場所《ばしょ》がいいと思います」

（よく考えているな）

　芦澤《あしざわ》先生は感心《かんしん》して、つぎの質問《しつもん》をした。

「じゃあ、どんな学校になってほしいと思う？」

「近所《きんじょ》の人が、集《あつ》まれるような学校がいいと思います」

「避難所《ひなんじょ》でくらしているとき、まわりの人たちと助《たす》け合いました。いざというときのために、ふだんから、町の人たちが集《あつ》まって話せる場所《ばしょ》が必要《ひつよう》だと思います」

「避難所《ひなんじょ》になったとき、のんびりできるスペースとか、ほしいです」

子どもたちの記憶《きおく》には、避難所《ひなんじょ》だった学校の印象《いんしょう》が強く残《のこ》っているようだった。

陽音《はると》は思った。

（公園みたいに、そこに行けば、だれかがいるという場所《ばしょ》がほしいと思っていたけど、それは学校でもいいのかもしれないな）

芦澤《あしざわ》先生は、みんなに問《と》いかけた。

「新しく建《た》てる学校の教室を、みんなでデザインしてみないかという話があるんだけど、やってみたいですか？」

子どもたちは、いっせいに答えた。

「やってみたーい！」

「やるやる！」

「やりたいでーす」

第《だい》5章《しょう》　新しい校舎《こうしゃ》を考えよう

日本ユニセフ協会《きょうかい》が主催《しゅさい》する「未来《みらい》の教室を考えよう」のワークショップは、三回にわたって行われることになった。

一回目の授業《じゅぎょう》は、二〇一二年十月二十四日。

「〝大槌《おおつち》小学校の教室〟未来《みらい》の教室プロジェクト。五年生が思いえがく未来《みらい》」

芦澤《あしざわ》先生はこう黒板《こくばん》に書いて、説明《せつめい》をした。

「君《きみ》たちが考えたデザインやアイデアが、未来《みらい》の教室をかたちづくっていくことになります」

つづいて、ウォーミングアップとして、三人の講師《こうし》がローテーションで三つの教室をまわって、レクチャーやワークショップを行った。

竹中工務店《たけなかこうむてん》の岡田慎《おかだまこと》さんは、はじめに言った。

「この授業《じゅぎょう》は、算数や国語とちがって、決《き》まった答えはありません。だから、おもしろいし、むずかしいんだね。自由《じゆう》に、一生懸命《けんめい》に考えてください。それが、みんなの答えになります」

学校には、みんなが勉強《べんきょう》したり、給食《きゅうしょく》を食べたり、遊《あそ》んだりするための役割《やくわり》と、災害時《さいがいじ》にはみんなの命《いのち》を守《まも》り、町の人たちの避難《ひなん》生活を支《ささ》えるという二つの役割《やくわり》があって、どちらも大事《だいじ》だと、岡田《おかだ》さんは話した。

「ふだん楽しくても、災害時《さいがいじ》に危険《きけん》ではだめ。いくら安全《あんぜん》でも、ふだんつまらない学校では、やっぱりだめなんだと思います」

そして、ユニークな教室のデザイン例《れい》や、燃《も》えにくくて強い木材《もくざい》の建材《けんざい》や、太陽光発電《たいようこうはつでん》と蓄電池《ちくでんち》※の設置例《せっちれい》、地震《じしん》のときに建物《たてもの》のゆれをゆっくり、小さくできる「免震建築《めんしんけんちく》」などをしょうかいした。

陽音《はると》は、燃《も》えにくくて強い木材《もくざい》に、興味《きょうみ》を持《も》った。

※ 充放電《じゅうほうでん》をくり返《かえ》して使用《しよう》できる電池。バッテリーともいう

岡田《おかだ》さんは５年生の３教室を順番《じゅんばん》にまわって、「自分たちのやりたいことを考えて、模型《もけい》にしてみよう」と話した

五年生になってから、がれきのキーホルダーを購入《こうにゅう》したりして、木の香《かお》りや手ざわりが好《す》きになった。

（木をたくさん使《つか》った学校だったら、リラックスできそうだな。燃《も》えにくい木だったら、もっといいな）

大槌《おおつち》小学校が燃《も》えていく様子《ようす》が頭をかすめるが、火事《かじ》になりにくい学校がつくれると思うと、安心《あんしん》できる気がした。

佐藤教授《さとうきょうじゅ》は、イメージをふくらませられるように、ちょっと変《か》わったイスや、ニューヨーク近代美術館《きんだいびじゅつかん》にも所蔵《しょぞう》されているイスなど、さまざまなデザインのイスをしょうかいして、みんなにすわってもらった。

子どもたちに一番人気だったのは、ビーズクッション。

「気持《きも》ちいいー」

体を受《う》け止め、包《つつ》みこんでくれるようなクッションのすわり心地《ごこち》を、みんなで代《か》わる代《が》わる楽しんだ。

山形《やまがた》大学四年生の三浦奈穂美《みうらなおみ》さんは、いろいろな場所《ばしょ》やものの大きさを測《はか》るワークショップを行った。模型《もけい》を作製《さくせい》するにあたって、縮尺《しゅくしゃく》のスケール感《かん》覚《かく》をつかむためだ。

三浦《みうら》さんは大槌町《おおつちちょう》の出身《しゅっしん》で、このワークショップにかかわる大学生のリーダー役《やく》であり、子どもたちにとっては身近《みぢか》なお姉さんのような存在《そんざい》となった。三浦《みうら》さんのサポートを受《う》けながら、子どもたちは人体や教室、つくえやイスの大きさを測《はか》り、模型《もけい》の大きさにちぢめたときにどの程度《ていど》の大きさになるのかを、感覚《かんかく》で覚《おぼ》えていった。

レクチャーとワークショップが終《お》わると、五年生の九十人は、十八のグループに分かれて、「ふつう教室」「理科室」「図工室」「家庭科室《かていかしつ》」「マルチ室」「図書室」「体育館《たいいくかん》」のうち、どの教室をデザインするかを話し合った。

陽音《はると》のグループは、女子ふたり、男子三人の五人チーム。同じグループの河合夏海《かわいなつみ》さんは、陽音《はると》と同じ保育所《ほいくしょ》にいた友だちだった。保育所《ほいくしょ》を卒所《そつしょ》した

1回目の授業《じゅぎょう》では、人体や教室、つくえ、イスの大きさを測《はか》り、模型《もけい》にちぢめたときの大きさの感覚《かんかく》を身《み》につけた

あと、陽音《はると》は引っこして大槌《おおつち》小学校に、夏海《なつみ》さんは安渡《あんど》小学校に入学したが、仮設校舎《かせつこうしゃ》でふたたびいっしょになった。

陽音《はると》と夏海《なつみ》さんは、ミニバスケットボールチームに入っていたことから、

「体育館《たいいくかん》をつくりたい」

と言い、ほかのメンバーも賛成《さんせい》した。

十八のグループがデザインしたい教室を決《き》めると、佐藤教授《さとうきょうじゅ》から、「教室づくりの基準《きじゅん》として必要《ひつよう》なこと」がしめされた。

デザインするうえでとり入れてほしいことは、「安心《あんしん》・安全《あんぜん》を考えた教室であること」「ワークショップでつちかったスケール感覚《かんかく》を大切にすること」「見たこともないアイデアがふくまれるなど、創造性《そうぞうせい》を発揮《はっき》すること」など。

グループのメンバーは、いままで受《う》けたレクチャーを思い出しながら、考えをめぐらせた。

そして、基準《きじゅん》をふまえつつ、「電子黒板《こくばん》がほしい」「教室で、動物《どうぶつ》を飼《か》えるようにしたい」などと希望《きぼう》も出し合い、必要《ひつよう》なものやほしいものをみんなで相談《そうだん》して、ワークシートに記入していった。

陽音《はると》と夏海《なつみ》さんは、

「体育館《たいいくかん》のなかにほしいのは、水飲《みずの》み場」

「オレンジジュースとか、いろいろな飲《の》み物《もの》が出てくる蛇口《じゃぐち》があったらいいなあ」

と積極的《せっきょくてき》に意見《いけん》を出したが、ほかのメンバーはあまり発言《はつげん》しなかった。

（みんな、やる気がないのかな）

陽音《はると》は少し、むっとした。

各教室《かくきょうしつ》を見てまわっていた芦澤《あしざわ》先生は、ほとんど意見《いけん》が出ていないグループがあるのに気がつき、メンバーに声をかけた。

「どうした？」

グループの子たちは、こまった顔をした。

「ふつうの学校の理科室を使《つか》ったことがないから、どんな教室にしたらいいか、わからない」

芦澤《あしざわ》先生は、はっとした。

陽音《はると》のおさななじみで、いっしょに体育館《たいいくかん》の模型《もけい》をつくった、河合夏海《かわいなつみ》さん

(そうか、この子たちが被災《ひさい》したのは、三年生のとき。ということは、理科室を使《つか》う授業《じゅぎょう》はまだ少なく、家庭科《かていか》は必須《ひっす》科目になる前だった。仮設《かせつ》ではない、ふつうの校舎《こうしゃ》で特別《とくべつ》教室を使《つか》った経験《けいけん》が、ほとんどなかったんだ……)
芦澤《あしざわ》先生は、一回目の授業後《じゅぎょうご》、インターネットでいろいろな学校の画像《がぞう》をさがした。
後日、子どもたちに、さまざまな教室の画像《がぞう》を見せると、

「あー、そうだった」

「そういえば、前の学校はこんな感《かん》じだった」

と、口々に言って記憶《きおく》をたどっていた。


二回目の授業《じゅぎょう》は、一週間後の十月三十一日。

グループごとに教室のアイデアを話し合い、教室のレイアウト図を作製《さくせい》した。陽音《はると》のグループのテーマは、体育館《たいいくかん》だ。

「寝袋《ねぶくろ》などの寝具《しんぐ》を入れておくところがほしいな。寒《さむ》い夜でも、あたたかくねむれるように……」

陽音《はると》が城山公園体育館《しろやまこうえんたいいくかん》に避難《ひなん》した夜を思い返《かえ》して言うと、夏海《なつみ》さんも避難《ひなん》生活を思った。

夏海《なつみ》さんは津波《つなみ》で家を流《なが》され、震災後《しんさいご》数日は、お父さんの車のなかですごした。吉里吉里地区《きりきりちく》にある友だちの家にうつってからは、水が出ている近所《きんじょ》の水場まで、毎日、水をくみにいった。

「避難《ひなん》生活中も、水が使《つか》えるようにしたいな。トイレも流《なが》せるようにしたい」

陽音《はると》やほかのメンバーも、うなずいた。

「じゃあ、手あらい場のそばにトイレも置《お》く？」

「避難《ひなん》生活で料理《りょうり》ができるように、炊事場《すいじば》もつくろうよ」

ほかのグループも、棚《たな》はたおれてこないように、壁《かべ》につくりつけにしたほうがいい、避難《ひなん》生活で夜暗《くら》くなってからトイレに行くのが大変《たいへん》だったから、教室のなかにトイレがあったほうがいいなど、防災《ぼうさい》と避難面《ひなんめん》に対《たい》する意見《いけん》が多く出ていた。

（すごいな。みんな、体験《たいけん》したことを思い返《かえ》して、必要《ひつよう》なものをしっかり考えている）

芦澤《あしざわ》先生は、子どもたちの考察力《こうさつりょく》におどろいた。

（安心《あんしん》できる教室がほしいんだろうな。それだけ、避難《ひなん》したときの記憶《きおく》が強

いんだろう。でも、防災《ぼうさい》だけにしばられないで、もっと自由《じゆう》に発想《はっそう》を楽しんでもらいたいな）

震災後《しんさいご》、被災地《ひさいち》には全国《ぜんこく》から物資《ぶっし》がとどいたり、スポーツ選手《せんしゅ》ら有名人《ゆうめいじん》が来訪《らいほう》したりするなど、さまざまな支援《しえん》があった。

（支援《しえん》は、とてもありがたいことだった。けれども、ぼくは教師《きょうし》として子どもたちに、われわれは支援《しえん》を受《う》ける側《がわ》なんだから、つねに感謝《かんしゃ》をわすれないようにと、強調《きょうちょう》して言いすぎたかもしれない。子どもたちは遠慮気味《えんりょぎみ》になってしまい、自分たちの希望《きぼう》を言ったり、好《す》きなように行動《こうどう》するのは、いけないことだと思っている感《かん》じがする。教室を想像《そうぞう》するときも、自分の希望《きぼう》を入れてはいけないと、どこかブレーキがかかっているんじゃないか）

芦澤《あしざわ》先生は、子どもたちがきびしい現実《げんじつ》に向《む》き合っているからこそ、もっと自由《じゆう》にのびのびと、想像《そうぞう》してもらいたかった。

意見《いけん》が対立《たいりつ》しているグループもあったが、芦澤《あしざわ》先生も講師《こうし》の先生たちも見《み》守《まも》るだけにして、子どもたちにまかせた。

教室の空気が一変《いっぺん》したのは、模型《もけい》の材料《ざいりょう》が配《くば》られて作製《さくせい》に入ってからだ。シートからパーツを切り出して壁《かべ》を立て、平面《へいめん》で考えていた教室が立体になった瞬間《しゅんかん》、だれもが「おっ、なにかおもしろくなってきたぞ」という表情《ひょうじょう》を見せた。

陽音《はると》たちのグループでも、積極的《せっきょくてき》でなかったメンバーがのってきた。

(やる気がなさそうに見えたのは、立体になったときのイメージがわかなくて、おもしろく思えなかっただけだったのかな?)

陽音《はると》はメンバーに、材料《ざいりょう》を切り出す係《かかり》と、組み立てる係《かかり》に分かれて進《すす》める提案《ていあん》をした。

みんなで分担《ぶんたん》したら、作業《さぎょう》がスムーズに進《すす》み出した。

(やっぱり、協力《きょうりょく》してやったほうが、うまくいくな)

授業《じゅぎょう》時間が少ないため、山形《やまがた》大学の学生たちが、組み立てると家具《かぐ》にな

デザインする教室にはなにが必要《ひつよう》か、なにがほしいかを考え、シートに書き出していく。指導《しどう》するのは芦澤《あしざわ》先生

模型《もけい》の壁《かべ》ができて、教室が立体になってくると、子どもたちがのってきた。指導《しどう》するのは佐藤教授《さとうきょうじゅ》

るシートをつくってくれていたが、ちがう家具《かぐ》もほしいと、リクエストする子が出てきた。

「もっと長いイスがほしい」

と言う子に、芦澤《あしざわ》先生が理由《りゆう》をたずねると、はっきり答えた。

「もっとたくさんの人がすわれるようにしたいし、夜はベッドとして使《つか》えるようにしたいんです」

避難《ひなん》生活のなかで、足腰《あしこし》の弱い高齢者《こうれいしゃ》が床《ゆか》で寝《ね》たり、起《お》きあがったりするのを見て、大変《たいへん》そうだと思ったのだろう。

子どもたちのアイデアには、避難《ひなん》生活でも、ひたすらがまんするのではなく、少しでも快適《かいてき》な生活にしたいという思いにあふれていた。

二回目の授業《じゅぎょう》が終《お》わったあと、芦澤《あしざわ》先生はインターネットで、ふだん目にしないような教室の画像《がぞう》をさがした。

もっと発想《はっそう》を広げられるよう、音楽大学の音楽室、アメリカのフリーな空

特別授業《とくべつじゅぎょう》「未来《みらい》の教室を考えよう」模型《もけい》の材料《ざいりょう》

《家具《かぐ》になるシート》

40種類《しゅるい》近くの家具《かぐ》のなかから、その一部《いちぶ》を紹介《しょうかい》

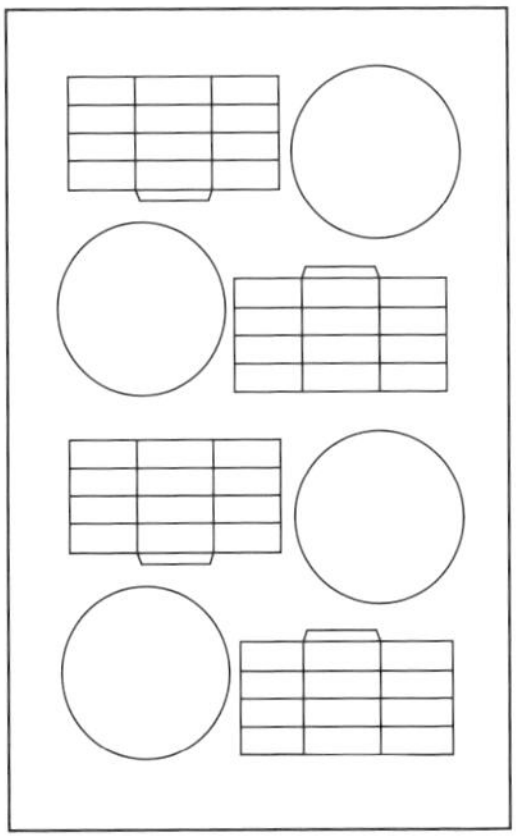

円テーブル　8人用

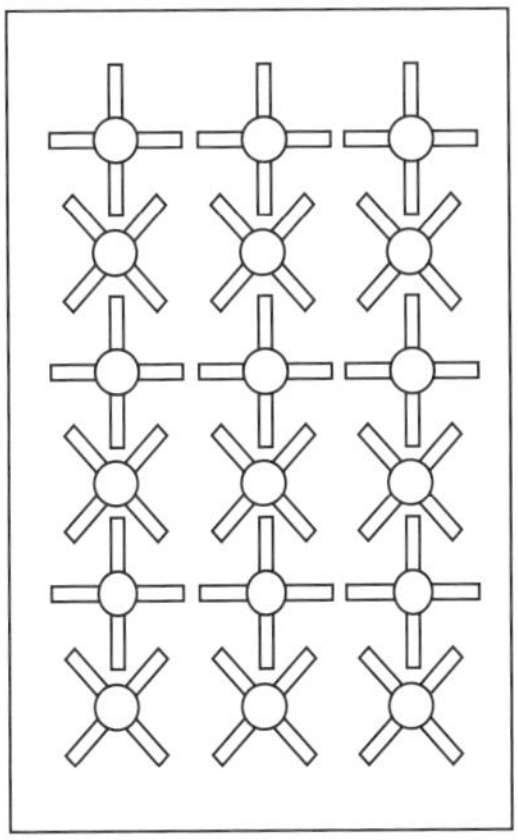

丸イス

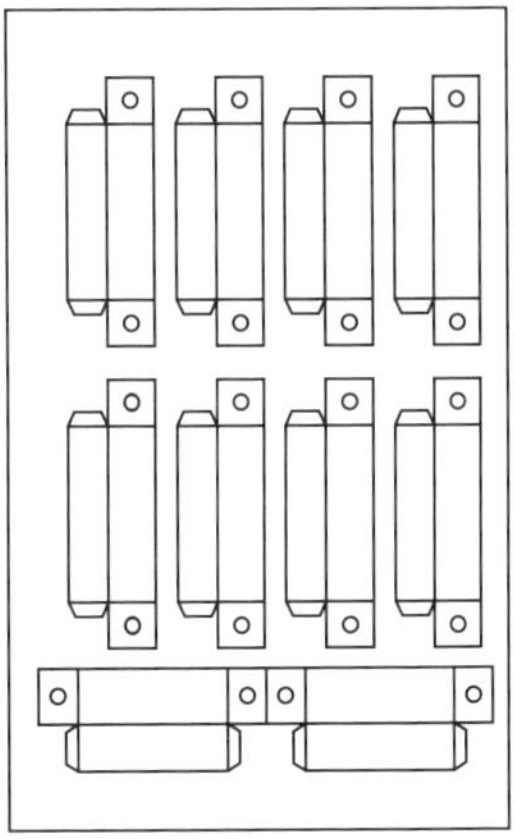

長イス

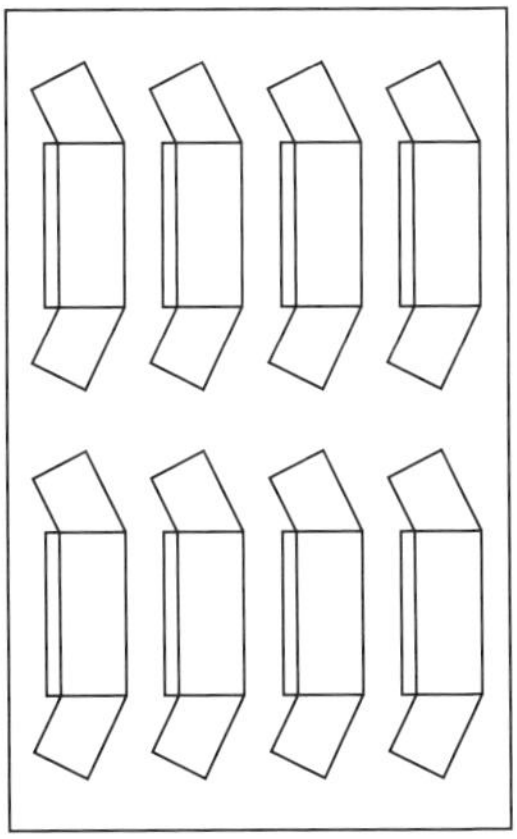

傾斜《けいしゃ》づくえ

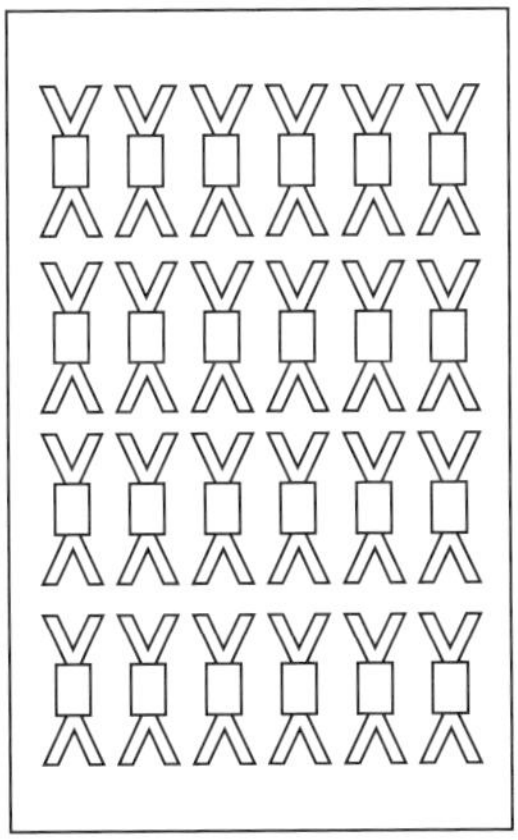

角イス

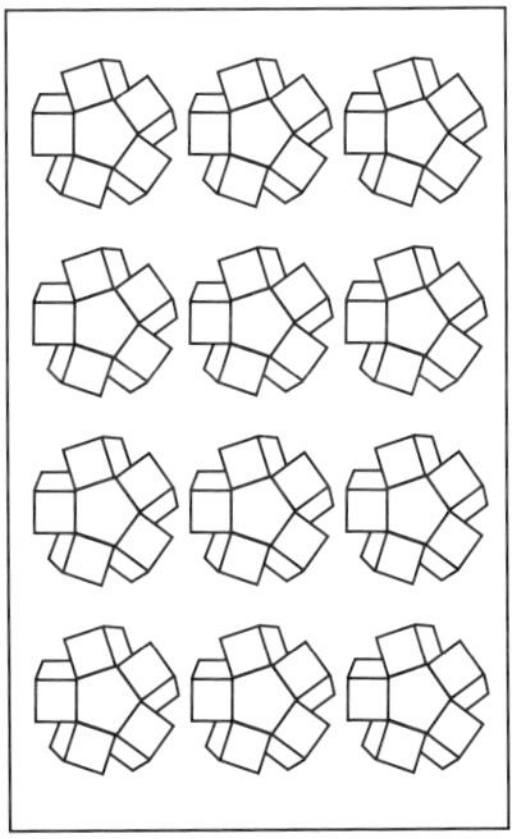

五角形のイス

家具サンプル作製／山形大学 佐藤慎也研究室　三浦奈穂美

間の教室など、めずらしいデザインの教室を子どもたちに見せた。

「うわあ、すごい」

「こんな教室だったら、いいなあ」

子どもたちは、わくわくした顔で画像《がぞう》を見つめた。

(そうそう、もっと夢《ゆめ》を見ていいんだよ。こんなの無理《むり》だって、やる前から
あきらめないでいいんだ)

芦澤《あしざわ》先生は心のなかで、子どもたちに語りかけていた。

最後《さいご》となる三回目の授業《じゅぎょう》が、二週間後の十一月十四日に行われた。

模型《もけい》を完成《かんせい》させなければならないなか、子どもたちは、前回よりユニーク
なアイデアをつぎつぎに出してきた。

「体育館《たいいくかん》の屋根《やね》が、開《ひら》くようにしたい」

「教室のなかにも緑《みどり》がほしいから、木が生えているようにしない?」

「寝《ね》ころがって、本を読める図書室にしたいな」

「タブレットやタッチパネルがあったら授業《じゅぎょう》が進《すす》むかな」

楽しいアイデアにグループのメンバーが盛《も》りあがり、どんどん作業《さぎょう》が進《すす》んでいく。

体育館《たいいくかん》をつくる陽音《はると》たちのグループは、スポーツや町のイベントなど、いろいろな催《もよお》しに利用《りよう》できるよう、折《お》りたたんで収納《しゅうのう》できる観客席《かんきゃくせき》をつけた。災害時用《さいがいじよう》に、寝具《しんぐ》が入れられる倉庫《そうこ》や、手あらいだけでなく炊事《すいじ》もできる水まわり、ドリンクサービス所《じょ》、トイレを設置《せっち》。また、通常《つうじょう》は授業《じゅぎょう》に利用《りよう》し、災害時《さいがいじ》は町民《ちょうみん》の安否情報《あんぴじょうほう》が流《なが》せるようにと、ステージのおくに大きなスクリーンを設置《せっち》した。

どの模型《もけい》にも、地域《ちいき》の人が集《あつ》まって交流《こうりゅう》できる学校になってほしい、通《つう》常《じょう》は楽しくすごせて、災害時《さいがいじ》は安心《あんしん》で安全《あんぜん》な学校になってほしい、避難所《ひなんじょ》になっても、リラックスしてすごせる学校になってほしい、という願《ねが》いがつ

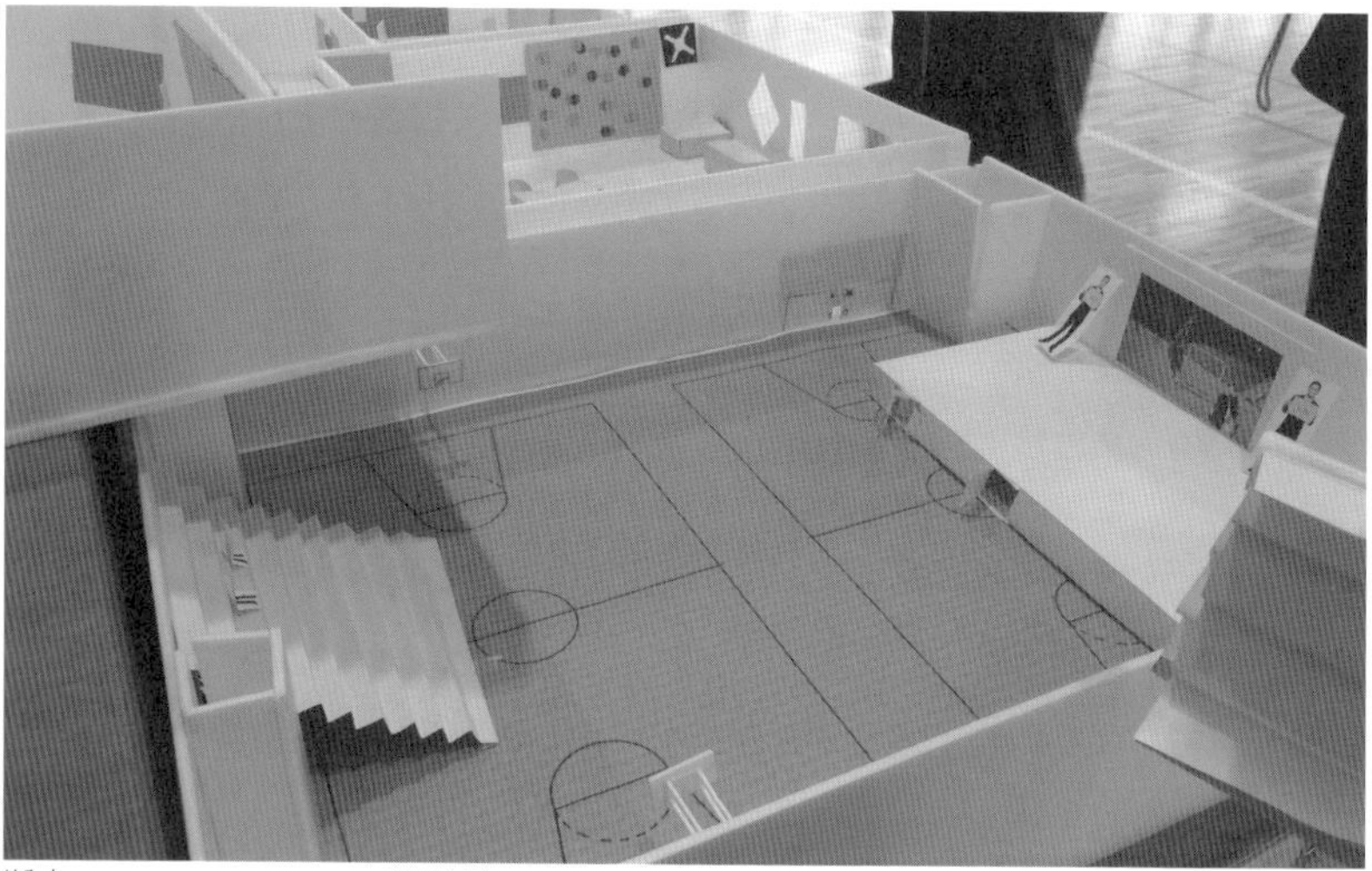

陽音《はると》たちのグループは、体育館《たいいくかん》のステージのおくに大きなスクリーンを設置《せっち》した

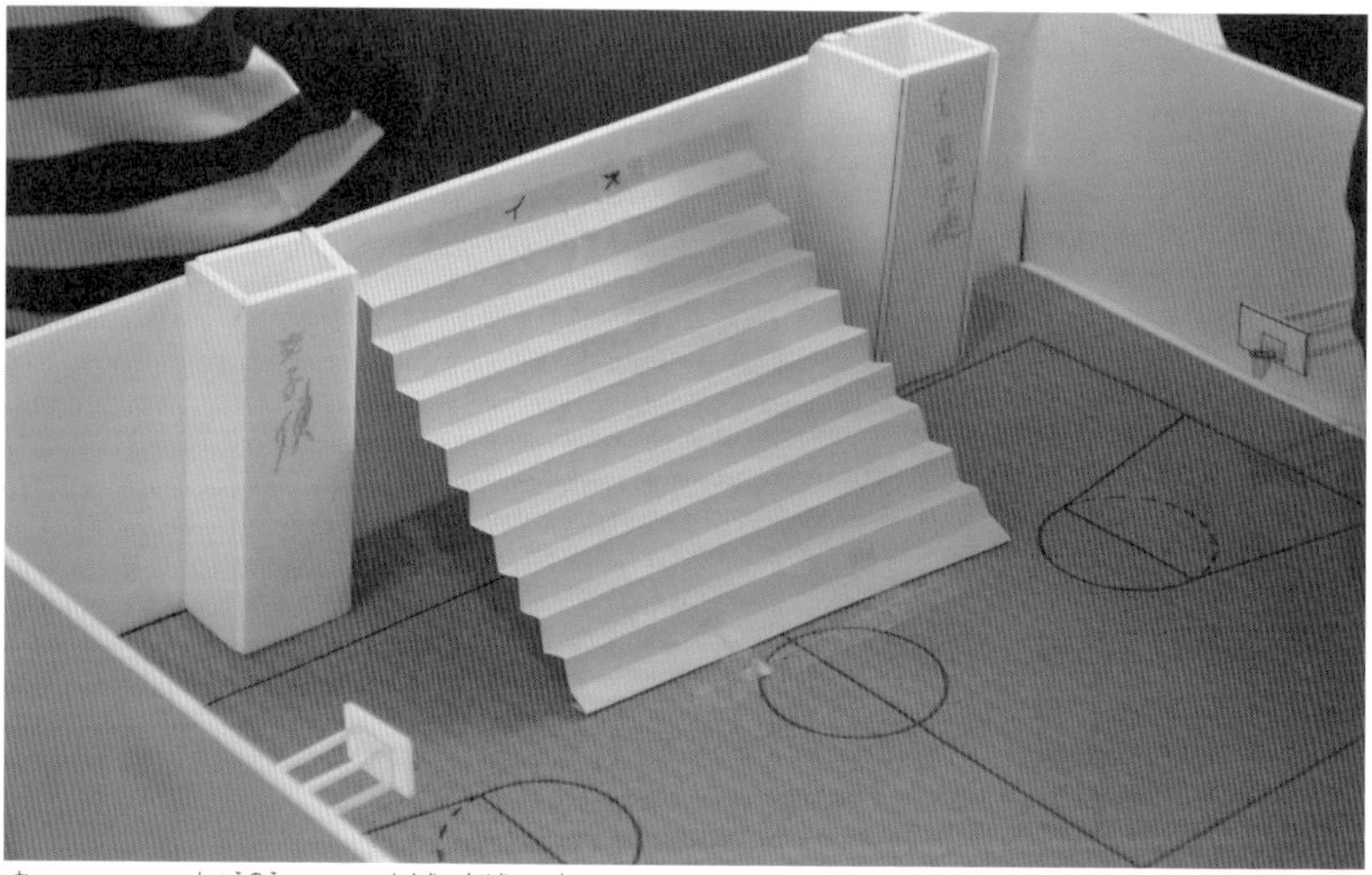

折《お》りたたんで収納《しゅうのう》できる観客席《かんきゃくせき》も取《と》りつけた

まっていた。

作業《さぎょう》は十時二十分にスタートし、十二時十五分に終了《しゅうりょう》する予定《よてい》だったが、

「もう少し時間をください！」

という声が多くあがったため、体育館《たいいくかん》で昼食をとりながら、午後一時十五分まで作業《さぎょう》をし、十八グループすべてが模型《もけい》を完成《かんせい》させた。

陽音《はると》は、三回の授業《じゅぎょう》を終《お》えて、すっきりした気分だった。

（自分で考えたことを、かたちにするって、おもしろい。これからも、なにかつくるときは、ぼくなりに工夫《くふう》していきたいな）

夏海《なつみ》さんは、自分の想像《そうぞう》に近いものを、みんなで協力《きょうりょく》してつくれた、という手ごたえを感《かん》じていた。

後日、グループごとに自分たちの模型《もけい》を見せて、アイデアを発表《はっぴょう》した。子どもたちは、ほかのグループの工夫《くふう》におどろいたり、感心《かんしん》したりしつつ

も、自分たちのつくった模型《もけい》にほこりを感《かん》じていた。

「むずかしかったけど、楽しかったです」

「自分たちで考えた教室をつくれて、すごくうれしかった」

「大変《たいへん》だったけど、みんなで協力《きょうりょく》すれば、なんでもできると感《かん》じた。これからも、こうした協力《きょうりょく》は、だれとでもできるようにしていきます！」

「大槌《おおつち》の学校を、住民《じゅうみん》と交流《こうりゅう》できる場所《ばしょ》にしたいです」

「つくった模型《もけい》が本物《ほんもの》になって、みんなが楽しく安全《あんぜん》にすごせる校舎《こうしゃ》になったら、うれしいと思います」

達成感《たっせいかん》にあふれた感想《かんそう》を聞いて、芦澤《あしざわ》先生は胸《むね》がいっぱいになった。

（やってよかった……）

震災以降《しんさいいこう》、子どもたちは物資《ぶっし》やボランティアの協力《きょうりょく》など、たくさんの支援《しえん》を受《う》けてきたが、つねに受《う》け身《み》で、自分たちでゼロからものをつくるという機会《きかい》はほとんどなかった。

（今回の授業《じゅぎょう》で、震災《しんさい》でこわれたり、燃《も》えてしまった学校のこわいイメージや、不安《ふあん》なイメージを、安心《あんしん》なものに変《か》えられた子もいるはずだ）

だからといって、子どもたちの心が晴れたわけではない。震災《しんさい》から一年半がすぎ、子どもたちの状況《じょうきょう》もそれぞれに変《か》わってきていた。

早々と仮設住宅《かせつじゅうたく》を出て新しい家にうつった子もいれば、なかなか生活が立て直せない家庭《かてい》にいて、まわりから取《と》り残《のこ》されたような気持《きも》ちになる子もいた。先生のなかにも、心を病《や》んだ人がいた。

（新しい学校では、建物《たてもの》が安心《あんしん》なものになるだけでなく、それぞれの子どもたちの状況《じょうきょう》を見て、細やかなケアができるようなしくみをつくりたい）

芦澤《あしざわ》先生は、ひとりひとりの子に、思いをめぐらせた。

第《だい》6章《しょう》　未来《みらい》をつくる

　年が明けて、震災《しんさい》が起《お》きた三月十一日が近づいてくると、大人も子どもも気《き》持《も》ちが重《おも》くなっていった。

　震災《しんさい》から一年目の二〇一二年三月十一日は日曜日だったが、二年目の二〇一三年は月曜日のため、子どもたちは学校でこの日をむかえる。

　大槌町《おおつちちょう》で震災《しんさい》を体験《たいけん》した校長たちは、

「まだ思い出させたくない。子どもたちに、つらい思いをさせるようなことは、なにも話せない」

と言い、学校のなかでは震災《しんさい》について話すのをさける雰囲気《ふんいき》があった。

　だが、スクールカウンセラーは、なんらかのかたちで、「震災《しんさい》のことを話

してもいいんだよ」という空気をつくりたいと提案《ていあん》した。

さまざまな意見《いけん》がかわされ、三月十一日をむかえたが、震災翌年《しんさいよくねん》の四月から大槌北《おおつちきた》小学校に赴任《ふにん》した菊池啓子《きくちけいこ》校長は、スクールカウンセラーと相談《そうだん》したうえで、子どもたちに向《む》かってこう語りかけた。

「みなさんは、これまでよくがんばってきましたね。つらいことは、無理《むり》に思い出さなくていいんですよ。でも、悲《かな》しいときは、泣《な》いてもいいんです。先生たちは、いつもそばにいます。みんなでいっしょに、前に歩き出しましょう」

菊池《きくち》校長の話を聞いて、多くの子が涙《なみだ》をこぼした。

三月十一日がすぎて少し落《お》ち着《つ》いたころ、竹中工務店《たけなかこうむてん》の岡田慎《おかだまこと》さんと、山形《やまがた》大学の佐藤教授《さとうきょうじゅ》、日本ユニセフ協会《きょうかい》のスタッフは、大槌町《おおつちちょう》教育委員会《きょういくいいんかい》をたずねて、特別授業《とくべつじゅぎょう》「未来《みらい》の教室を考えよう」の報告《ほうこく》をした。

「授業《じゅぎょう》では、子どもたちの強い体験《たいけん》から生まれた思いが、アイデアとして出てきました。わたしたちが想像《そうぞう》していた以上《いじょう》の内容《ないよう》です。そのままかたちにするのはむずかしいものもありますが、そのアイデアが出てきた背景《はいけい》や思いをすくいあげ、新しく建《た》てる小中一貫教育校《いっかんきょういくこう》の計画に反映《はんえい》させていただきたいのです」

岡田《おかだ》さんと佐藤教授《さとうきょうじゅ》は、子どもたちのアイデアや思いを、設計《せっけい》にとり入れやすい言葉《ことば》や図でしめした「デザイン指針例《ししんれい》」という書類《しょるい》にまとめて、大《おお》槌町教育委員会《つちちょうきょういくいいんかい》に手わたした。

この先は大槌町《おおつちちょう》の行政《ぎょうせい》が決《き》めるため、岡田《おかだ》さん、佐藤教授《さとうきょうじゅ》には、設計《せっけい》がどうなるのかわからなかった。

ほとんどの住民《じゅうみん》が、住宅《じゅうたく》と安定《あんてい》したくらしを求《もと》めている。町の行政《ぎょうせい》は、多数をしめる意見《いけん》から順《じゅん》に耳をかたむけ、その実現《じつげん》に向《む》けて取《と》り組まなければならない。学校ばかりに、力を注《そそ》ぐわけにはいかないだろう。

だが、大槌町教育委員会《おおつちちょうきょういくいいんかい》は、教育行政《きょういくぎょうせい》の基本理念《きほんりねん》をはっきりと打《う》ち出した。

「町づくりは人づくりにあり　人づくりは教育《きょういく》にあり」

そして、小中一貫教育校《いっかんきょういくこう》の設計者《せっけいしゃ》を選《えら》ぶ※プロポーザルで「未来《みらい》の教室を考えよう」の記録《きろく》とデザイン指針例《ししんれい》を提示《ていじ》し、設計《せっけい》には五年生の思いをとり入れること、という条件《じょうけん》をつけた。

これには、岡田《おかだ》さんもおどろいた。

岡田《おかだ》さんがつとめている竹中工務店《たけなかこうむてん》は、大規模建築物《だいきぼけんちくぶつ》の設計《せっけい》や建設《けんせつ》を得意《とくい》とし、学校建築《けんちく》にも関《かか》わってきた。だが、岡田《おかだ》さんはいままで、設計《せっけい》の技《ぎ》術《じゅつ》案《あん》を募集《ぼしゅう》する書類《しょるい》に、子どもたちのアイデアをとり入れる、という条件《じょうけん》が入ったものを、見たことはなかった。

（子どもたちの考えを復興《ふっこう》計画にとり入れてほしいと願《ねが》ってきたが、本当にとり入れてくれるなんて……。大槌町《おおつちちょう》の教育行政《きょういくぎょうせい》には、こころざしの高い人がいるんだな）

※建物《たてもの》の設計者《せっけいしゃ》を選定《せんてい》するときなどに、複数《ふくすう》の人から企画《きかく》を提案《ていあん》してもらい、そのなかから選《えら》ぶこと

「子どもたちの意思《いし》をかたちにしたい」という大人たちの思いは、つぎつぎにつながっていき、やがて設計士《せっけいし》のもとにとどいた。

行政《ぎょうせい》の技術《ぎじゅつ》提案《ていあん》の公募《こうぼ》では、応募《おうぼ》のあった案《あん》を審査《しんさ》して、求《もと》めていたものに一番近いものが選《えら》ばれる。

公募《こうぼ》に応募《おうぼ》した設計士《せっけいし》のうち、昭和《しょうわ》・久慈設計共同企業体《くじせっけいきょうどうきぎょうたい》の佐々木栄《ささきさかえ》さんは、「学校は、子どもたちが生きていく力をつちかっていくところだ」と、つねづね考えてきた。

(学校は、先生から知識《ちしき》を得《え》るだけでなく、児童生徒同士《じどうせいとどうし》はもちろん、地域《ちいき》の人たちと会話したり、なにかをいっしょに行ったりすることで、さまざまなことに気づき、自ら学んでいく場所《ばしょ》だろう。ならば、学校は、いろいろな人がおとずれる、町の活動《かつどう》の中心の場になるべきだ)

特別授業《とくべつじゅぎょう》の記録《きろく》と提言《ていげん》を読むと、大槌《おおつち》の子どもたちは、町の人たちとの交《こう》流《りゅう》を望《のぞ》んでいるとわかる。

（この子たちはすでに、人との関《かか》わりのなかで、自ら学ぶことを知っているのかもしれない）

佐々木《ささき》さんたち設計《せっけい》チームは、子どもたちの意思《いし》をきちんとかたちにするため、資料《しりょう》にあった子どもたちのアイデアひとつひとつについて、「これは技術的《ぎじゅつてき》に言うと、こういうことだろうか」と、話し合った。

（町の未来《みらい》は、子どもたちそのものだ。子どもたちの地元愛《じもとあい》を表《あらわ》す学校にしなければ……）

佐々木《ささき》さんたちは使命感《しめいかん》を持《も》って、子どもたちの思いやアイデアを実現《じつげん》可《か》能《のう》な技術《ぎじゅつ》提案《ていあん》としてまとめていった。

まず、教室に木があるというアイデアは、大槌町《おおつちちょう》産《さん》の木材《もくざい》をたくさん使《つか》うという提案《ていあん》にした。

学校を町の人がつどう場所《ばしょ》にしたいという思いを反映《はんえい》して、井戸端会議室《いどばたかいぎしつ》や※ＰＴＣＡ室《ピーティーシーエーしつ》、多目的室《たもくてきしつ》を駐車場《ちゅうしゃじょう》そばの体育館側《たいいくかんがわ》につくり、町民《ちょうみん》がいつで

※ＰＴＣＡ《ピーティーシーエー》＝保護者《ほごしゃ》(Parent)・教師《きょうし》(Teacher)・地域住民《ちいきじゅうみん》(Community)の会(Association)

大槌町産《おおつちちょうさん》の木材《もくざい》を使《つか》った表示《ひょうじ》板《ばん》。大槌町《おおつちちょう》のイメージキャラクター「おおちゃん」がデザインされている

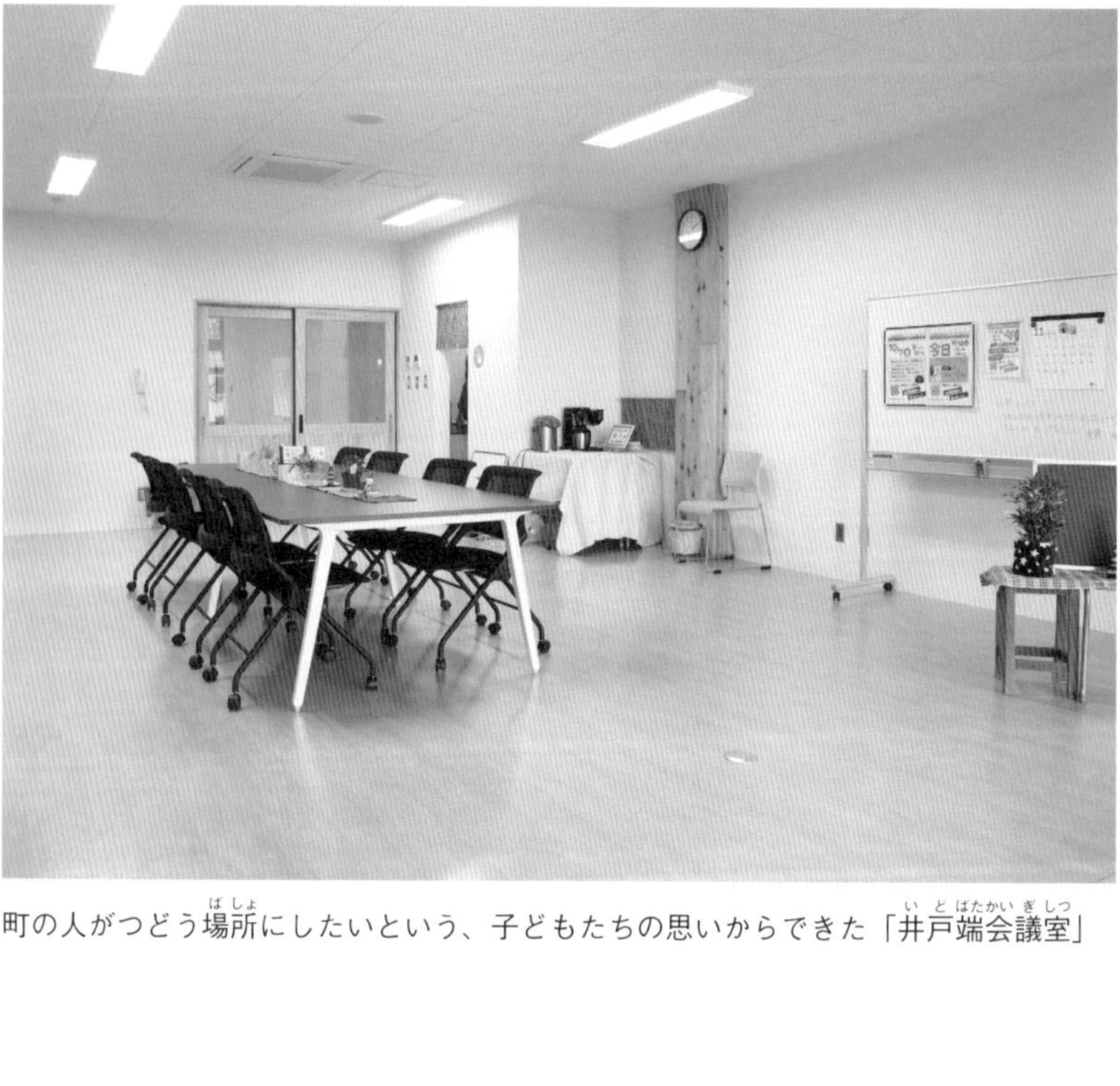

町の人がつどう場所《ばしょ》にしたいという、子どもたちの思いからできた「井戸端会議室《いとばたかいぎしつ》」

も集《あつ》まれるようにした。

勉強《べんきょう》スペースとは別《べつ》に、休憩《きゅうけい》スペースや食事《しょくじ》スペースをつくるというアイデアは、ワークスペースやランチルームに。リラックスできたり、同級生《どうきゅうせい》やほかの学年の児童生徒《じどうせいと》と交流《こうりゅう》できたりする場所《ばしょ》というアイデアは、展示《てんじ》もできる「学校サロン」や、校舎中央《こうしゃちゅうおう》の「表現《ひょうげん》の大階段《おおかいだん》」「本の森（図書室）」につづく「つつじルーム」のテーブルコーナーなどにした。

もちろん、陽音《はると》たちの体育館《たいいくかん》のアイデアも、設計《せっけい》に生かされた。

体育館《たいいくかん》に寝具《しんぐ》が入れられる倉庫《そうこ》を設置《せっち》するアイデアは防災備蓄倉庫《ぼうさいびちくそうこ》に、避《ひ》難《なん》生活時に炊事《すいじ》ができる場所《ばしょ》のアイデアは、体育館《たいいくかん》のそばに家庭科室《かていかしつ》を配《はい》置《ち》することでとり入れた。

そうしてまとめた技術提案《ぎじゅつていあん》のタイトルは、「時を超《こ》えて、まちが人を育《そだ》て、人がまちを育《そだ》てる学校」だった。

「新しい学校が小中一貫教育校《いっかんきょういくこう》である以上《いじょう》に、老若男女《ろうにゃくなんにょ》すべての人が時代《じだい》を超《こ》えて大槌《おおつち》を愛《あい》し、能力《のうりょく》・個性《こせい》を発揮《はっき》しながら、まちを元気にする人材《じんざい》であり続《つづ》けるよう、大槌《おおつち》の人々にとっての『生涯《しょうがい》の学び舎《や》』となることを目指《めざ》します」

という文からはじまる技術提案《ぎじゅつていあん》をした佐々木《ささき》さんたちは、二〇一三年八月、大槌町《おおつちちょう》の新しい学校の設計者《せっけいしゃ》に選《えら》ばれ、本格的《ほんかくてき》な設計作業《せっけいさぎょう》に入ることになった。

二〇一三年三月二十三日。

大槌《おおつち》小学校、大槌北《おおつちきた》小学校、安渡《あんど》小学校、赤浜《あかはま》小学校の合同閉校式典《へいこうしきてん》が行われた。四校は四月に、大槌《おおつち》小学校として統合《とうごう》される。統合後《とうごうご》の大槌《おおつち》小学校は、名前は同じ大槌《おおつち》小学校でもちがう学校で、校歌、校章《こうしょう》とも新しくなる。

震災《しんさい》から二年がたち、雁舞道七福神《がんまいどうしちふくじん》の練習《れんしゅう》をしていて、陽音《はると》はあることに気づいた。

練習《れんしゅう》で接《せっ》するおさない子は、震災《しんさい》のことをほとんど覚《おぼ》えていないのだ。

（震災時《しんさいじ》のことを覚《おぼ》えていない子や、これから生まれてくる子に、震災《しんさい》のことを伝《つた》えていかなければ、またたくさんの人が亡《な》くなってしまうんじゃないかな）

陽音《はると》は、自分がこれからやるべきことを、しっかり見すえていた。

震災《しんさい》から三年をへた二〇一四年三月十九日、陽音《はると》は小学校を卒業《そつぎょう》した。

そして、卒業式《そつぎょうしき》から八日後の三月二十七日、陽音《はると》は東京にいた。

日本ユニセフ協会《きょうかい》が支援《しえん》してきた事業《じぎょう》をしょうかいするシンポジウムで、陽音《はると》は、夏海《なつみ》さん、川端《かわばた》くるみさん、佐々木加奈《ささきかな》さんとともに、大槌《おおつち》小学校の代表《だいひょう》として「未来《みらい》の教室を考えよう」の特別授業《とくべつじゅぎょう》について発表《はっぴょう》することになったのだ。

陽音《はると》はシンポジウムの前にはじめて、自分たちのアイデアが正式《せいしき》に、新校《しんこう》舎《しゃ》の設計《せっけい》にとり入れられたと知った。

（ぼくらのアイデアが、かたちになるんだ。ぼくら子どもも、いいアイデアを持《も》っているって、大人にみとめてもらえたんだ！）

陽音《はると》は、自分たちをほこらしく思った。

シンポジウムでは陽音《はると》たちのほかに、地震《じしん》と津波《つなみ》と原発事故《げんぱつじこ》の被害《ひがい》にあった福島県相馬市《ふくしまけんそうまし》の大野《おおの》小学校、地震《じしん》と津波被害《つなみひがい》を受《う》けた宮城県仙台市《みやぎけんせんだいし》の七郷《しちごう》小学校が発表《はっぴょう》した。どちらも町の未来《みらい》を考える内容《ないよう》だった。

二校が発表《はっぴょう》したあと、大槌《おおつち》小学校の順番《じゅんばん》になった。

発表《はっぴょう》したのは、くるみさんと、加奈《かな》さんのふたり。どんな授業《じゅぎょう》をして、どんな教室の模型《もけい》ができたのかを説明《せつめい》してから、ふたりは言った。

「二〇一六年、小中一貫教育校《いっかんきょういくこう》ができるとき、わたしたちは中学三年生。新しい学校での生活に、いまから、ちょっとわくわくしています」

「自然《しぜん》がいっぱいで大好《だいす》きな大槌《おおつち》。わたしたちが大人になったときは、たくさんの笑顔《えがお》があふれる町にしたいです」

シンポジウムの後半は、各校《かくこう》からふたりずつが出て、パネルディスカッションが行われた。大槌《おおつち》小学校から出たのは陽音《はると》と夏海《なつみ》さんだ。

進行役《しんこうやく》の佐藤《さとう》教授《きょうじゅ》は、子どもたちに聞いた。

「震災《しんさい》のあと、どういうことが力になりましたか？」

夏海《なつみ》さんは、避難《ひなん》生活でした水くみを思い出した。

「震災《しんさい》のあと、お父さんとお母さんはいそがしくて、いっしょにいられないこともあったので、そのときは小さいことでもいいので、いま自分ができることや、少しでも役《やく》に立てることを考えて、行動《こうどう》しました」

陽音《はると》は、少し考えて答えた。

「ぼくは津波《つなみ》でお父さんと、おじいちゃんとおばあちゃんを亡《な》くして、いろいろななやみがありました。そのときは、いつもお母さんに相談《そうだん》していました。いまふたりでくらしていて、やっぱり、お母さんに相談《そうだん》すると気持《きも》ちが

2014年3月27日、日本ユニセフ協会《きょうかい》のシンポジウムのパネルディスカッションで話す陽音《はると》と夏海《なつみ》さん（写真《しゃしん》右のふたり）、七郷《しちごう》小学校の代表《だいひょう》（写真《しゃしん》中央《ちゅうおう》のふたり）、大野《おおの》小学校の代表《だいひょう》（写真《しゃしん》左のふたり）

すっきりするので、家族《かぞく》とか友だちとか、身近《みぢか》な人でいいので、相談《そうだん》してみることが大切だと思います」

「子どもとして、大人たちに言いたいことは？」

と問《と》いかけられると、陽音《はると》ははっきり答えた。

「子どもは、未来《みらい》も希望《きぼう》も夢《ゆめ》も持《も》っているので、もっと子どもを活用してほしいです。大人がいま、がんばるというのもあるんですけれども、子どももも未来《みらい》のために、もっとがんばれるし、がんばったほうがいいんじゃないかと思います」

会場に、この日一番の大きな拍手《はくしゅ》がわいた。

陽音《はると》の力強い言葉《ことば》が、会場にいた大人の心をふるわせた瞬間《しゅんかん》だった。

シンポジウム後、マスコミの取材《しゅざい》に応《おう》じて、模型《もけい》の説明《せつめい》をする陽音《はると》と夏海《なつみ》さん（写真中央《しゃしんちゅうおう》のふたり）

エピローグ

陽音《はると》たちは小学校を卒業後《そつぎょうご》、同じ敷地内《しきちない》の中学校に入学した。

中学二年になる春に小中一貫教育校《いっかんきょういくこう》「大槌学園《おおつちがくえん》」になり、陽音《はると》たちは八年生とよばれるようになった。

そして、最終《さいしゅう》学年の九年生になった二〇一六年九月、ようやく大槌学園《おおつちがくえん》の新校舎《しんこうしゃ》が完成《かんせい》した。

新しい校舎《こうしゃ》に引っこす前、仮設校舎《かせつこうしゃ》とのお別《わか》れセレモニーの一環《いっかん》として、一年生から九年生までの六百三十七人で、校舎《こうしゃ》をそうじした。

伊藤教育長《いとうきょういくちょう》は、ていねいに床《ゆか》をふいている児童生徒《じどうせいと》たちを、ほこらしく思った。

（この子たちは、仮設校舎《かせつこうしゃ》を大事《だいじ》に使《つか》ってくれた。校舎《こうしゃ》がきれいなのは、つ

らい現実《げんじつ》のなかにあっても投《な》げやりにならず、希望《きぼう》を持《も》って、せいいっぱいすごしてきたあかしだ）

全校集会《ぜんこうしゅうかい》では、生徒会長《せいとかいちょう》の永井《ながい》さんが、児童生徒《じどうせいと》や町の人に向《む》かって話した。

「仮設校舎《かせつこうしゃ》での思い出は語りつくせません」

陽音《はると》も、仮設校舎《かせつこうしゃ》ですごした五年間を思った。

四校合同になってから、だんだん遊《あそ》ぶ友だちがふえていき、八年生になってからは、みんなで友だちの家に泊《と》まりに行ったり、釣《つ》りに行ったりするようにもなった。なんでも話せる友だちができて、想像《そうぞう》していたよりも中学生活は楽しかった。

（仮設校舎《かせつこうしゃ》といっても、ぼくらには大事《だいじ》な学校だった。いろいろなものがなくなったあと、ここがぼくらの居場所《いばしょ》になったんだ）

永井《ながい》さんが、つづけて言った。

「新校舎《しんこうしゃ》が多くの人々の支援《しえん》でできたことをわすれず、これからは町の復興《ふっこう》のシンボルとなるような学校にしていきたいです。ぼくらも、シンボルにふさわしい児童生徒《じどうせいと》になりましょう」

（そうだ。たくさんの人が力をかしてくれたおかげで、仮設校舎《かせつこうしゃ》や新校舎《しんこうしゃ》ができたんだ）

陽音《はると》は、「未来《みらい》の教室を考えよう」の特別授業《とくべつじゅぎょう》を思い返《かえ》した。

（新校舎《しんこうしゃ》には、ぼくらのアイデアがつまっている。子どもにも、町の未来《みらい》を考える力があるんだって証明《しょうめい》できて、うれしかったな）

復興《ふっこう》まちづくり懇談会《こんだんかい》やユニセフのシンポジウムで、大人から拍手《はくしゅ》を受《う》けたことも、陽音《はると》の自信《じしん》につながった。

（これからも、自分の意見《いけん》をはっきり言おう。そのためにも、人の話を聞いて、いろいろな経験《けいけん》をして、もっともっと成長《せいちょう》したい）

新しい一歩をふみ出した学校とならぶように、陽音《はると》もこの秋の大槌《おおつち》まつりで、新しい一歩をふみ出した。

「陽音《はると》、今年の祭《まつ》りは囃子《はやし》をやってみろ」

雁舞道七福神会《がんまいどうしちふくじんかい》の渡邊裕人《わたなべひろひと》会長からそう言われたとき、

(やった。やっと来た!)

と、気持《きも》ちがうき立った。

囃子手《はやして》は大人が中心になってやる役《やく》で、陽音《はると》がずっとあこがれてきたものだ。

(ようやく、大人の仲間《なかま》入りだ!)

陽音《はると》は新しいばちに、自分とお父さんの名前をきざみこんだ。

(おとう、これからもいっしょに祭《まつ》りに出ような)

お父さんに負《ま》けないぐらいうまくなりたくて、手のひらにできたマメがつぶれても、太鼓《たいこ》の練習《れんしゅう》をつづけた。

ちょうど太鼓《たいこ》の練習《れんしゅう》と並行《へいこう》して、陽音《はると》は進学《しんがく》する高校を決《き》めるため、将来《しょうらい》についても考えていた。

人生のなかで高校はあくまでも通過点《つうかてん》だが、将来《しょうらい》を見すえて進路《しんろ》を考えるように、と先生は言う。陽音《はると》は、料理《りょうり》や建築《けんちく》に興味《きょうみ》があった。未知《みち》のことに挑戦《ちょうせん》したら、成長《せいちょう》できるだろうと思った。

「一度《ど》は大槌町《おおつちちょう》を出て、ちがう場所《ばしょ》で大槌《おおつち》にはないものを学んで、自分の世界《せかい》を広げたほうがいいよ」

と、お母さんは言ってくれる。

お母さんをひとり残《のこ》していくのは心配《しんぱい》だけど、高校卒業後《そつぎょうご》はちがう土地へ行くつもりだ。

だが、祭《まつ》りには必《かなら》ずもどってくるし、いずれまた町にもどってくらすようになるだろうと思っている。

新しい学校ができたとはいえ、町に新しい建物《たてもの》はほとんどない。陽音《はると》たちの家が建《た》つのも、数年先だ。

（いまはまだなにもないから町に人がいないけど、建物《たてもの》ができたら、前のように、にぎやかな町になるかな。にぎやかな町にしていきたいな）

朝、陽音《はると》がスクールバスをおりて、校舎《こうしゃ》へ向《む》かう坂《さか》を上っていると、いつもの仲間《なかま》が集《あつ》まってきた。じょうだんを言って、笑《わら》い合う。

なんてことのない、こんな時間が楽しい。

（将来《しょうらい》を考えるのも大事《だいじ》だけど、いまこのときも大事《だいじ》だ。未来《みらい》はあるとき突《とつ》然《ぜん》やってくるものじゃなくて、いまを積《つ》み重《かさ》ねてつくっていくものなんじゃないかな）

坂《さか》の上に、新校舎《しんこうしゃ》が見えた。日の光でかがやいている。

この五年、いろいろなことがあった。震災《しんさい》がなければ、復興《ふっこう》まちづくり懇《こん》談会《だんかい》やユニセフのシンポジウムで、意見《いけん》を言うことはなかっただろう。支援《しえん》

2016年11月の大槌町《おおつちちょう》の様子《ようす》。ようやく道路《どうろ》と宅地《たくち》が整備《せいび》され、電柱《でんちゅう》が建《た》った

で大槌《おおつち》に来た人たちとも、会わなかったはずだ。

（だからって、震災《しんさい》のおかげだなんて感謝《かんしゃ》する気にはなれないけど、経験《けいけん》したことはすべて、むだにしたくない。おとう、じいじ、ばあば、見ててよ。これからだって、ぼくは学校生活も、祭《まつ》りも、思いっ切り楽しむ。経験《けいけん》を自分の力にして、未来《みらい》をつくっていくよ！）

うれしいことも悲《かな》しいことも分かち合える、陽音《はると》の大事《だいじ》な友だち集合《しゅうごう》！　凪《な》いだ大槌湾《おおつちわん》を背《せ》に

あとがき

この本の取材《しゅざい》を通してわたしが考えつづけたのは、「学校ってなんだろう？」ということでした。

みなさんは苦手《にがて》なテストがあるときなど、学校がなくなればいいのに……と、思ったことはありませんか？　わたしは子どものころ、何度《なんど》も思いました。ですが、実際《じっさい》に学校がなくなったら、どうなるのか、想像《そうぞう》したことはありませんでした。

学校とは、社会に出たときに、こまらないだけの知識《ちしき》や体力を身《み》につけるところ。自分の才能《さいのう》を見つけて、のばすところ。人間関係《かんけい》を学ぶところ。そして、災害時《さいがいじ》は避難所《ひなんじょ》になる施設《しせつ》です。

いろいろな角度《かくど》から見るうちに、学校は児童生徒《じどうせいと》と先生だけの場所《ばしょ》ではなく、地域《ちいき》にとって重要《じゅうよう》な施設《しせつ》であること、また、児童生徒《じどうせいと》の「ココロとカラダの居場所《いばしょ》」になっていることが、わかってきました。

東日本大震災《ひがしにほんだいしんさい》により、大槌《おおつち》の子どもたちは、それまでの日常《にちじょう》を失《うしな》いました。先生たちが仮《かり》のスペースで勉強会《べんきょうかい》をはじめたとき、日ごろは宿題《しゅくだい》など進《すす》んでしなかった子も、積極的《せっきょくてき》にドリルをといたそうです。そのの行動《こうどう》のうらには、学校の勉強《べんきょう》をすることで、少しでも日常《にちじょう》を取《と》りもどしたいという、すがるような思いがあったのではないでしょうか。

新校舎《しんこうしゃ》の前に立つ著者《ちょしゃ》

取材《しゅざい》のなかで、わたしは「陽音《はると》さんにとって、学校はどんな場所《ばしょ》ですか?」と、聞いたことがありました。当時、八年生（中学二年生）だった陽音《はると》さんの答えは「青春的《せいしゅんてき》なところ」。学校は友だちや先輩《せんぱい》、後輩《こうはい》と話せて、部活《ぶかつ》で好《す》きなスポーツができて、恋《こい》が生まれる場所《ばしょ》、ということでした。

陽音《はると》さんは、それまでの日常《にちじょう》を失《うしな》ったことについて、「日常《にちじょう》は、毎日をすごしていくなかで、またつくられるものだと思う」と話してくれました。学校生活を大《だい》事《じ》にすることで、楽しい日常《にちじょう》を積《せっ》極的《きょくてき》につくっているのだと思います。

校舎落成記念樹《こうしゃらくせいきねんじゅ》が中庭《なかにわ》に植《う》えられた。この木とともに、子どもたちは成長《せいちょう》していく……

大槌学園《おおつちがくえん》の新校舎《しんこうしゃ》には、地域《ちいき》の人が交流《こうりゅう》できる部屋《へや》やスペースがあります。今後、大槌学園《おおつちがくえん》は町の人が生涯《しょうがい》を通じて学び、つどう場となるでしょう。

わたしもまた今回の取材《しゅざい》で、多くのことを学ばせていただきました。陽音《はると》さんやお母さんのゆかりさん、伊藤《いとう》教育長《きょういくちょう》、武藤《むとう》先生、芦澤《あしざわ》先生は、わたしの想像《そうぞう》をはるかにこえるつらい体験《たいけん》をなさいました。ですが、いえ、だからこそ、つねに「いま自分ができる、まわりの人のためになること」を考えて行動《こうどう》されているように感《かん》じました。

これから生きていくうえで、最《もっと》も大事《だいじ》なことを教わったように思います。

本当にありがとうございました。

二〇一七年七月

ささき　あり

《参考文献・資料》

『被災の町の学校再開』（望月善次、関口厚光・編著／岩手復興書店）
『教育を紡ぐ――大槌町　震災から新たな学校創造への歩み』（山下英三郎、大槌町教育委員会・編著／明石書店）
『駐在記者発　大槌町　震災からの365日』（東野真和・著／岩波書店）
『駐在記者発　大槌町　震災2年目の365日』（東野真和・著／岩波書店）
『駐在記者発　大槌町　震災3年目の365日』（東野真和・著／大槌新聞）
『理念なき復興――岩手県大槌町の現場から見た日本』（東野真和・著／明石書店）
写真集『がんばっぺし大槌』（伊藤陽子・写真）

朝日新聞　岩手版「3.11その時　佐々木陽音君」1～17（東野真和・文　2013年8月28日～9月17日　17回連載）
特別授業「未来の教室を考えよう」（大槌町）　実施記録　復興提言（公益財団法人日本ユニセフ協会・発行）
「広報おおつち」No.568　2013年10月号（大槌町役場・発行）
「教育委員会だより　城山の風」第64号、第65号、第84号、第87号（平成25年6月、7月、平成27年2月、5月　大槌町教育委員会・発行）

≪協力≫

公益財団法人 日本ユニセフ協会
東野真和（朝日新聞　編集委員）

≪写真提供≫

表紙　右下：公益財団法人 日本ユニセフ協会
裏表紙：公益財団法人 日本ユニセフ協会

公益財団法人 日本ユニセフ協会：口絵P1、口絵P2中、口絵P3上、中、口絵P4上、P80、P83、P91、P96、P112、P114
ささき あり：口絵P2下、口絵P4下、P5下、P7、P52下、P72、P73
大槌町教育委員会：P5上
一頁堂書店（大槌町）：P12
元持幸子：P13、P24、P28、P35
武藤美由紀：P15、P32、P42、P52上
伊藤正治：P27
Hana Ozawa：P56、P58

※この本の情報は、2017年5月までに調べたものです。
※本書に登場する団体名や人物の肩書は、取材当時のものです。

ささき あり
出版社勤務を経て独立。フリーランスの編集記者に。現在は、児童書作家としても活躍。著書に『おならくらげ』（フレーベル館／ひろすけ童話賞受賞）、『自律神経を整えてこどもが眠る魔法のよみきかせ絵本』（PHP 研究所）、「子どもとたのしむはじめてのえいごえほん」シリーズ（くもん出版）、「めいさくえほん」シリーズ（西東社）などがある。日本児童文芸家協会会員。
http://sasakiari.com/

感動ノンフィクションシリーズ

ぼくらがつくった学校
大槌の子どもたちが夢見た復興のシンボル

2017年7月30日　第1刷発行
2024年6月10日　第3刷発行

著者＝ささき あり
発行者＝中沢純一
発行所＝株式会社佼成出版社
〒166-8535 東京都杉並区和田2-7-1　電話（販売）03-5385-2323（編集）03-5385-2324
印刷所＝株式会社精興社
製本所＝株式会社若林製本工場
表紙デザイン＝藤井 渉（エイトグラフ）

https://kosei-shuppan.co.jp/

Kosei shuppan

落丁本・乱丁本は送料小社負担にてお取り換えいたします。

ISBN978-4-333-02757-6 C8336 NDC916/128P/22cm